貧しさ

die Armut
la pauvreté

Martin Heidegger
マルティン・ハイデガー
Philippe Lacoue-Labarthe
フィリップ・ラクー=ラバルト

西山達也＝訳・解題

藤原書店

Martin Heidegger,
« Die Armut »,
in *Heidegger Studies*, vol. 10, p. 5-11,
Duncker und Humblot, 1994.

Philippe Lacoue-Labarthe,
« Présentation »,
in Martin Heidegger, *Die Armut / La pauvreté*,
Presses universitaires de Strasbourg, 2004.

貧しさ／目次

貧しさ

凡例

一　各種記号の置き換えは、以下のように統一されている。原文中のイタリック体は、書名の場合は『　』でくくり、外国語ゆえのイタリックの場合は看過し、強調の場合は傍点を付した。原文中の引用符《　》はかぎ括弧「　」、原文中のまる括弧（　）はまる括弧（　）、訳者による文内補註は〔　〕で示した。原文中で原著者が引用文を補うなどのために用いている角括弧［　］は角括弧［　］で示し、訳者が原語を補う場合は〔　〕を用いた。原文中の大文字で始まる名詞は、固有名詞を除き原則として〈　〉でくくった。原文中で大文字で始まる単語ではないが、ハイフンでつながれていたり、独特な言い回しとして用いられている術語は〈　〉でくくった。

二　原註は、（　）で囲んだ註番号によって指示し、訳註は、*によって指示した。

三　引用文は原則的に訳者が訳出したが、既訳がある場合にはできるかぎりそれを参考にさせていただいた。なお、ハイデガーとヘルダーリンからの引用は、ラクー＝ラバルトが参照を指示しているフランス語訳の頁数とドイツ語の全集版の巻数・頁数を略号で示し、併記した。ハイデガーに関しては *Gesamtausgabe*, Frankfurt am Main, Vittorio Klostermann を底本とし、*GA* 4, p.79 などと略記した。ヘルダーリンに関しては *Sämtliche Werke. Große Stuttgarter Ausgabe*, hrsg. von Friedrich Beissner und Adolf Beck, Stuttgart, W. Kohlhammer を底本とし、*StA* 4-1, p. 10 などと略記した。

四　第Ⅲ章「『貧しさ』を読む」および第Ⅳ章「ドイツ精神史におけるマルクス」に付した小見出しは訳者および編集部によるものである。

I 貧しさ

マルティン・ハイデガー

西洋史の時代区分についての論考の草案に、ヘルダーリンは次のような導きとなる言葉をしるしている。

我々においては、すべてが精神的なものに集中する。我々は豊かにならんがために貧しくなった。

これは一八世紀から一九世紀への移行期に書かれた言葉である。ヘルダーリンがこの言葉をもって彼自身にとっての現在について述べているのだと考えられているが、こうした見解はあまりに自明のものであり、それをとりたてて言い添えるのも憚られるほどである。たしかにヘルダーリンは「我々においては、すべてが精神的なものに集中する」と言っている。だがこの箴言の「我々において」とは、ただドイツ人たちのことを言っているのだろうか。ここでの「我々」は、我々にとって、ヘルダーリンが生涯を送ったヨーロッパ史のその時代を現在として生きた人々を意味するのだろうか。それはすぐさま容易に決定しうることではない。ただ我々は次のことだけは知っている。すなわち、ヘルダーリンが歴史を語るとき、それによって彼はつねに西洋のことを考え、遠大な時間のうちで思索しているのである。彼が「今」と言い、我々に向けて「我々」を名指すとき、彼は、みずからがこの文をしるしている時点の、歴史学的（ヒストーリッシュ）に日付け可能な時間を考えているのではないのだ。してみれば、彼は、「我々」という語によって、自己自身のこともあわせて考えているのだが、ここでの「自己」とは、歴史学的に確定しうる人物としての「自己」ではなく、詩人としての「自己」、つまり詩作しつつ「みずからの時間」を飛び越え、「諸民族の暦年」を予感する（「ドイツ人に寄せる」全集第四巻、一三三頁）[*1]詩人、したがって、西洋の歴史において隠されたもののうちで生起するものを、あるいは歴史学的に確定しうる出来事においてはけっして読み取りえないものを、予感しつつ沈思する詩人としての「自己」である。そのようなわけで、おそらくヘルダーリンの言葉は、そのうちでそれが書かれた時間について言われたものでなくてもよいし、またその時間のために言われたものでなくてもよいのだ。したがってまた、この言葉がそのうちへと書き込まれているところの時間もまた、歴史学的な日付のそれとは別の時間、時系列的に「何世紀」などと呼ばれるもののうちにその位置を特定しうる時間とは別の時間なのである。

ヘルダーリンは、「我々においては、すべてが精神的なものに集中する。我々は豊かにならんがために貧しくなった」と言っている。ヘルダーリンが「精神的なもの」という語によって何を思索しているのかを知るときにはじめて、我々はこの発言を、その内容と射程において理解することができるのだ。

「精神的なもの」とは、たしかに、精神から発して精神によって規定されたものである。しかし、それでは「精神」とは何であろうか。

思索の長い伝統から、我々は、この問いに対するあらゆる答えを引き出してくることができる。精神は質料の対立項だといわれている。物質的なものと対置するならば、精神的なものは非物質的なものである。しかし精神と精神的なものをめぐるこの規定は、質料と質料的なものの単なる否定のうちにとどまっている。ギリシア語のプネウマやラテン語のスピリトゥス、フランス語のエスプリといった語を挙げただけで、すでにより多くのことが言われている。非物質的なものは、プネウマ〔気息・霊〕的なものであり、スピリトゥス〔聖霊〕的なものである。それが言わんとするのは、精神とは、照明と叡知の作用する力、ギリシア語で言えば、ソフィアの力であるということだ。精神のこのような実体的本質は、キリスト教会における三位一体にかんする神学的‐哲学的思弁において考え抜かれてきた。西方ローマ教会にとっては、アウグスティヌスの『三位一体論』が規範とされた。また東方教会では別の発展が生じ、とりわけロシア世界においては、聖ソフィア説が展開することになった。この説は、今日もなお、ロシアの神秘主義において、我々にはほとんど想像もつかない仕方で生き残っている。万物にあまねく作用する照明と叡知の力（ソフィア）としての精神の働きは、「魔術的」なものとされるが、この魔術的なものの本質は、プネウマ的なものの本質と同じく、闇に包まれている。しかし我々の知るかぎりで言えば、神智家にして哲学者であったヤーコプ・ベーメ――ゲルリッツの靴匠、あらゆる靴匠のなかでもっとも静寂につつまれた者と呼ばれていた――は、靴作りの球に魔術的なものを見いだし、それを根源意志とみなしていた。神的なソフィア（神智（テオソフィア））にかんするベーメの教えは、すでに一七世紀にロシアで知られており、当時のロシア人たちは、彼を聖教父ヤーコプ・ベーメと呼んでいた。ロシアにおけるこうしたベーメの影響は、一九世紀の初頭に新たな展開を遂げた。それはヘーゲルやシェリングの強い影響が及ぼされたのと同じ時期（ウラディミール・ソロヴィヨフ）のことである。それゆえ、人々が近視眼的に、あるいは中途半端な思索をもって、ただ「政治的」に、さらには粗雑な仕方で政治的に理解し、ロシア・コミュニズムと名づけているものは、ある精神的な世界に由来するのだと、まったく誇張なしに言えるのである。この精神的な世界について我々がかろうじて知っているすべてのこと、それは、粗雑な唯物論というコミュニズムの単なる表層さえもが、いかなる意味においても、それ自体物質的なものではなく、ある種の精神的なもの〔etwas Sprituelles〕であるかを、我々が思索するのを忘れてしまっているということである。この精神的な世界を経験し、その真理と非真理との決着をつけることができるのは、ただ精神のうちにおいてのみ、精神から発してのみである。

しかしながら、精神は、実体としての現働的な意志であるだけでなく、同時に、そしてなかんずくデカルト以降、近代を通じて、自己意識として、すなわち主体として考えられ、また知性、理性、悟性として、単に生命的かつ身体的なものという意味での生の原理としての魂よりも上位におかれ、またときには魂と並列され、あるいは対置されてきた(クラーゲスのニーチェ解釈、『魂の抗争者としての精神』参照。[*2]「悟性」としての精神。そこではニーチェが熟知していたプネウマ的なもの、スピリトゥス的なものが忘却されている)。精神の本質は自己自身を意志する根源意志であり、このような意志は、ときには実体として、ときには主観として、また、ときには両者の統一として思索されてきた。精神の本質にかんする多少なりともよく知られた、そしていたるところで支配的なこれらの表象――それは形而上学の諸表象である――を、ここで手短かに喚起しておかねばならなかったのは、それによって、ヘルダーリンが精神の本質をまったく別の仕方で考えているということの意義について、注意を払うことができるからである。

ヘルダーリンにとって精神とは、いったい何であるのか。彼にとって精神的なものはいかなるところに存するのか。我々においては、すべてが精神的なものに集中している、これはどのようなことを言わんとしているのか。

この箴言とほぼ同時期に、ヘルダーリンは、ある哲学的な覚書をしるしているが、そこから次の一節を引いておきたい（「宗教について」全集第三巻、二六三頁[*3]）。

人間は、自己自身だけからでは、また自己を取り巻く諸対象だけからでは、機械的な進行以上のものが、すなわち精神が、ひとりの神が、世界に存在するということを経験することができない。おそらく「それを経験することができるのは」、人間がみずからを取り巻くものとともにそのなかにある、より生き生きした、必要に縛られた状態を超えた関係〔über die Nothdurft erhabene Beziehung〕においてである。

人間は、みずからを取り巻くものとともに崇高な関係〔die erhabene Beziehung〕のなかにあると言われているが、この崇高な関係とはいかなる関係であろうか。この関係を経験することにおいて、我々は精神と精神的なものを経験する。ヘルダーリンはそれについてこれ以上詳しくは述べていない――したがって我々が彼に歩み寄り、この関係をより明確に思索することを試みねばなるまい。ヘルダーリンが言うには、この関係は諸対象〔Gegenstände〕のあいだの関係ではなく、また主体の諸客体〔Objekte〕に対する関係でもない。諸対象は、そもそも、必要〔Not〕によって我々のうちに呼び覚まされた欲求〔Bedürfniss〕を満たすべく、我々が諸々の目的と目標に応じて処理し、利用するものである以上、主客関係というものは、もっとも［支配的な］要求〔Nordurft〕によって規定されているのである。

そもそも人間は、みずからを取り巻くものへの関係のうちにある。この関係は、主体の客体に対する関係を超えた関係である。「超えた＝崇高な〔erhaben〕」が意味するのは、ここでは単に、主客関係の上方に漂っているということではない。そうではなく、ヘルダーリンはどこかで、人間は――なかんずく詩人は――高みに「落ちる」こともできる、と言ったことがあるが、[*4] そのような高みに到達しているということなのである。崇高なる〔……を超えた〕ものというこの高みの高さは、したがって、それ自体、同時に深さでもあることになる。崇高な関係は、あらゆる対象と人間のうえに聳え立ち、同時にこれらすべてを担う、そのようなものへとかかわる。とするならば、この関係とはいったい何であろうか。ヘルダーリンはそれについて語っていないが、だからこそ我々が、それをことさらに思索せねばならず、それを補うべく創作〔hinzudichten〕せねばならない。我々は、我々を日常的に取り巻いているもの、つまり個々の対象（客体）を、存在者、あるいは存在するところのもの〔das ist〕とも名づけている。しかし存在者におけるこの「存在する〔ist〕」は、それ自体、こんどは存在する何ものか〔etwas Seiendes〕ではなく、あらゆる存在者をまずもって〈存在者〔Seyendes〕〉として存在させているところのもの、そしてそのようにしてあらゆる存在者を包み込み、取り囲むところのものである。我々はそれを〈存在〉[*5]と名づける。人間がそのうちにある崇高な関係とは、〈存在〉と人間との関係であり、しかも〈存在〉自体がこの関係であるというかたちで、その関係は〈存在〉と人間との関係なのである。この関係は人間の本質を、関係のなかにあり、そのうちにありつつ関係を密かに保管し、関係を住まいとするような本質として、みずからの意のままにする。〈存在〉と人間存在

〔Menschenwesen〕とのこの関係の開かれのうちで、我々は「精神」を経験する——精神とは、〈存在〉から発して、おそらくは〈存在〉のために、支配力をおよぼすものなのである。

ヘルダーリンの箴言は、「我々においては、すべてが精神的なものに集中する」と言っている。いまやこれが意味しているのは、ある集中〔Concentration〕が、つまり〈存在〉と我々の本質との関係にもとづく結集が生じる、ということである。この関係は、中央〔Centrum〕もしくは中心〔Mitte〕であって、その中心は、ひとつの円の中心として、いたるところにあり、かつその円周はどこにもない。

「我々においては、すべてが精神的なものに集中する」——これは当時の時代情勢におけるひとつの事実を歴史学的に確認した言葉ではけっしてなく、〈存在〉そのもののうちに隠されたある生起の、つまり来たるべきもののうちにまで届くはるかな射程をもつ生起の、思索と詩作による命名である。この生起を予感することができるのはごく僅かの者たちのみ、あるいはおそらく、それを言い、思索する者のみであろう。

箴言の前半部に続く箇所でも、詩作的な言明における同様の性格が見られる。「我々においては、すべてが精神的なものに集中する。我々は豊かにならんがために貧しくなった」。「貧しい」とはいかなることだろうか。貧しさの本質はいかなるもののうちに存するのか。我々が貧しさのうちで、そして貧しさによってはじめて豊かになるという、そのような「豊かさ」とはいったい何なのだろうか。「貧しい」と「豊か」とは、通例の意味にしたがえば、所有や所持にかんする語彙である。貧しさは、持たないこと〔Nicht-Haben〕であり、しかも必要なものを欠いていることをいう。豊かさは、必要なものを欠かないこと〔Nicht-Entbehren〕、必要なものを超えて持っていることである。しかしながら、貧しさの本質はある〈存在〉のうちに安らっている。真に貧しく〈ある〉こととは、すなわち我々が、不必要なものを除いては何も欠いていないという仕方で〈存在する〉ことを言う。

真に欠いているということは、不必要なものなしには〈存在〉しえないということであり、したがって、まさしく不必要なものによってのみ所持されているということである。

しかし、不必要なものとは何であろうか。必要なものとは何であろうか。必要であるとはいかなることなのか。必要とされる〔nötig〕のは、必要〔Not〕にもとづいて、必要を通じて到来するものである。ではいったい必要とは何なのだろうか。必要の本質は、この語の根本的意義にしたがえば、強制である。喫緊のもの〔das Nothafte〕、必要とされるもの〔das Nötige〕、強要するもの〔das Nötigende〕とは、すなわち強制するものであり、我々の「生」において、生を維持せんとする諸々の欲求を無理やり引き出し、我々をもっぱらこれらの欲求の充足のうちへと押し込めるところの、強制するものである。したがって不必要なものとは、必要から到来するのではないもの、すなわち強制からではなく、自由な開かれから到来するものである。

しかし自由な開かれ〔das Freie〕とはいったい何であろうか。我々の最古の言語が予感しつつ言い表わしていることにしたがえば、自由な開かれ、つまり〔古高ドイツ語の〕frî とは、無傷のもの、いたわられたもの、利用に供されないものである。「自由にする〔freien〕」とは、根源的かつ本来的には、保護することを通じて、あるものをその固有の本質のうちに安らわせることである。だが、保護することとは、本質を庇護のうちに保持することである。本質が庇護のうちにとどまるのは、みずからの本質への帰還のうちに安らうことを許されているときのみである。庇護するとは、たえずこのような安らいへと手をさしのべることであり、安らいを待望することである。これこそが、触れないことや、ただ利用しないということの否定的な様態においてはけっして汲み尽くされない、いたわることの生起をもたらす本質である。

自由にすることとは、本来的ないたわりのうちにある。解放されたものは、みずからの本質へと委ねられたもの、必要の強制から守られたものである。自由のうちにそなわった自由にするもの〔das Freiende〕が、あらかじめ必要を逸らし、あるいは反転させる〔ab- oder umwenden〕。自由とは、必要を転じること〔die Not wenden〕である。自由のうちおいてのみ、そのいたわりつつ自由にすることにおいてのみ、必然性が支配力をおよぼす。我々が自由と必然性の本質をこのように思索するとき、必然性は、あらゆる形而上学が考えているように自由の対立項ではけっしてなく、ひとえに、自由がそれ自体、必然性、すなわち〈必要を転じることとしての必然性〔Not-wendigkeit〕〉なのである。

そのうえ形而上学は、カントにおいて、必然性、つまり当為の強制と、義務のための義務という空虚な拘束こそが、真の自由でなければならないと教示するまでに到る。自由が必然性の「表現」になることにおいて、自由の形而上学的な本質が完成する。この必然性から発して、力への意志が、現実なるものとして、そして生として、みずからを意志するのである。力への意志という意味で、たとえばE・ユンガーは次のように述べている（『労働者』、五七頁）[*6]。「自由というものの数々の目印のひとつに、時代の最内奥で萌芽しつつあるものへと関与することの確実性がある――この確実性は、驚くべき仕方で行動と思想に翼を与え、またその確実性のうちで、行為者の自由は必然的なものの独特な表現として認識される。」

しかしながら、転倒ということがより深く思索されるとき、いまやすべてがひっくり返る。自由が必然性であるのは、自由にするもの、つまり必要によって強要されないものが、不必要なものであるというかぎりにおいてなのである。

貧しく〈ある〉こととは、不必要なものを除いては何も欠いていないことを言う――自由な開かれにして自由にするもの〔das Freie-Freiende〕としての、何も欠いていないこと。たしかに、我々に欠けているものとは、我々に固有のものとして所有されていないものである。もっとも、我々に欠けているものが、我々に固有のものとして所有されることを欲しているということが、我々にとっても問題であるという具合にではあるが。我々に欠けているもの、それを我々は持っていない。むしろ我々に欠けているものの方が我々を持っているのだ。それどころか、我々の本質が、我々に欠けているものにのみ依存しているという仕方で、欠けているものが我々を持ちうるのだ。というのも、我々の本質は、ひとえに、我々に欠けているものに所持されているのであり、その理由はといえば、我々の本質が、あるとき〔einstig〕（過去においてそして将来において）、欠けているものの所有するところとなるからである。

貧しく〈ある〉こと――言い換えれば、ひとえに不必要なもののみを欠くこと。さらに言い換えれば、あるとき、自由な開かれにして自由にするもの〔das Freie Freiende〕によって所持されること。また言い換えれば、自由にするものとの関係のうちにあること。

ところで、まさしく〈存在〉こそが、あらゆる存在者を、そのつどいつも、存在者がそうであるところのもの〔was〕として、またそのようにあるもの〔wie〕として、存在させているのであり、それゆえに、すべてのものをその本質のうちへと安らわせ、それらをいたわるところの、自由にするものなのである。

人間の本質が、とりわけ、自由にする〈存在〉と人間との関係のうちにあるならば、つまり人間存在が不必要なものを欠くならば、人間は本来的な意味で貧しくなる。

ヘルダーリンは、「我々においては、すべてが精神的なものに集中する。我々は豊かにならんがために貧しくなった」と言っていた。以上に述べたことに従えば、精神的なものへの集中とは、〈存在〉と人間との関係のうえに結集すること、そしてその関係のうちに結集されてあることである。

我々は豊かにならんがために貧しくなった。豊かになることは、原因に結果が続くのと同じように、貧しく〈ある〉ことの後に続くのではない。そうではなく、本来的に貧しく

〈ある〉ことは、それ自体において、豊かで〈ある〉ことなのだ。我々が貧しさゆえに何ものをも欠かないことによって、我々はあらかじめ、すべてを持っていることになる。我々は、〈存在〉の過剰のなかにあり、この過剰は、必要に縛られた状態のあらゆる要求がましさから、あらかじめ溢れ出ているのだ。

自由が、その自由にするという本質において、すべてのものにとって、必要〔Not〕をあらかじめ転じる〔wenden〕もの、すなわち必然性であるのと同様に、不必要なものを除いては何も欠いていないこととしての貧しく〈ある〉ことは、すでに、それ自体で、豊かであることなのである。

すべてが精神的なものへと集中することによって、貧しく〈ある〉ことが生起する。貧しく〈ある〉ことへと、人間は情調を適合させる。貧しさは、西洋の諸民族とその命運のいまだ隠されている本質の基底調音である。

貧しさとは、けっして十分には貧しいものとして〈存在〉しないという、哀しみつつの歓喜である。この静寂な不安のうちに、貧しさの委ねられてあること〔Gelassenheit〕が安らっている。委ねられてあることは、すべての必要に迫られたものを平然と耐え抜く[*7]のである。

必要と窮乏の時代に特有の危険は次のことに存する。すなわちそれは、まぎれもない困窮ゆえに、その時代が、必要の本質を真に経験し、その本質から合図を認取し、必要を耐え抜くことから遠ざけられるという危険である。

たとえば飢饉であったり、収量不足の年が続くことが危険なのは、西洋の命運全体とその本来性の観点から考察するならば、おそらく、多くの人間が生命を失うからなのではけっしてなく、むしろ生き延びる者たちが、生の糧とするものを食べるためにのみ生きているからなのである。そのような「生」は、独自の空虚さにおいて自分自身のまわりを空転する生である。気に留められることもまずはなく、またしばしば自分の問題として引き受けられることすらない退屈というかたちで、生は、空虚さによって取り囲まれる。こうした空虚さのなかで人間は荒廃する。つまり貧しさの本質を学ぶための道程において、おのれを見失うのである。

コミュニズムという不適切な名称のもとで、歴史的な世界の命運として切迫してくるものによって、我々が貧しくなることはない。我々は、ただ、我々において精神的なものにすべてが集中するときにのみ、貧しく存在するのだ。

ヨーロッパの諸国民が貧しさという基底調音に情調を合わせるときにはじめて、諸国民は西洋の豊かな民族になる。西洋は没落していないし、没落することなどありえない。というのも西洋はまだけっして興隆もしていないからである。この興隆の始まりは、むしろ、その諸民族が——本質のうちでまずは交互に呼び覚ましつつ——貧しさを知ることを学び、それによって貧しく〈存在〉しうるようになることのうちに存している。

貧しく〈ある〉ことにおいて、コミュニズムは回避されるのでも、迂回されるのでもなく、その本質へと乗り越えられてしまっているのである。このようにしてはじめて、我々は、真にコミュニズムを耐え抜くことができる。

道のりははるか遠い。しかし、この遠さよりもさらに重大なのは、真に思索することができず、すでに思索されたものと言われたものを注意深く聴取しえないという無能力であり、また、そこから唯一のものといつか生じるべきことを聴き分け、そして聴取されたものを知へと変化させることができないという無能力である。

戦争は歴史的命運を決定しうるものではない。なぜなら、戦争はすでに精神的な諸決定にもとづくものであり、それらの決定に固執するからである。世界戦争であっても歴史的な命運を決定することはできない。しかし世界戦争とその終局は、諸民族にとって、省察をうながす機縁となりうる。とはいえこの省察は、それ自体、別の水源から湧き出るものである。その源流は、諸民族の固有の本質から流れ出ることを始めねばならない。だからこそ、諸民族が手をたずさえ交互に対話することにおいて、自己省察がおこなわれねばならない。

訳註

＊1　頁数はヘリングラート版全集第三版（一九四三年）による。Hölderlin, *StA* 2-1, p. 10.
＊2　Ludwig Klages, *Der Geist als Widersacher der Seele*, Leipzig, Barth, 1929-37.
＊3　頁数はヘリングラート版のもの。*StA* 4-1, p. 278.
＊4　Hölderlin, *StA* 4-1, p. 233.
＊5　以下、Sein〔存在〕ではなく Seyn と記された箇所は、「〈存在〉」もしくは「〈ある〉」と訳出した。
＊6　Ernst Jünger, *Der Arbeiter*, *Sämtliche Werke*, Bd. 8, Klett-Cotta, 1981, p. 62-63.
＊7　verwinden の訳語については本書一四四頁の訳註6を参照。

編者注記

ここにはじめて遺稿のなかから公開されたテクスト「貧しさ」は、マルティン・ハイデガーが、一九四五年六月二七日に、ハウゼンのヴィルデンシュタイン城の林務官舎において、ごく限られた内輪の聴衆に向けて発表した講演の原稿である。ヘルダーリンから引用された「導きの言葉」にかんする注記として、ハイデガーは原稿の第一頁に次のようにしるしている。「なぜ、世界史におけるこの現在の瞬間に、我々のために、この箴言を選び、注釈するのか。この理由が注釈それ自体によってあきらかにされねばならない」。

このテクストの原稿はドイツ工業規格A5判で一二頁からなり、これを含めた草稿全体にハイデガー自身が、「問いの本質　生起のための草稿群（一九四三―四四年）」という表題をつけている。この草稿は他の草稿群とまとめて全集第七三巻、『生起‐思惟に寄せて』に収められることになる。

いくつかの誤植は場合に応じて訂正したが、そのつど言及はしていない。印刷に際して草稿において用いられていない語を編者が付加した場合は、括弧に入れてそれを示した。これに対し、ヘルダーリンのテクストに付されている括弧内の挿入は、ハイデガー自身によるものである。正書法、句読点、段落の配置は、草稿のままである。ヘルダーリンのテクストへの二箇所の参照は、ヘリンググラート版第三版（一九四三年）にもとづく頁数である。

遺稿管理人である哲学博士ヘルマン・ハイデガー氏には、印刷許可を与えてくださったことに編者より心からの謝意を申し述べたい。

フリードリヒ＝ヴィルヘルム・フォン・ヘルマン

II

精神たちのコミュニズム

フリードリヒ・ヘルダーリン

オイゲンとロタール　　テオバルトとオスカー

構　想

日暮れ時。礼拝堂。広々とした豊かな土地。川。森。友人たち。礼拝堂だけがまだ夕陽に照り映えている。中世のことが話題にのぼる。理念的な意味に則った修道会制。それは宗教に影響を及ぼすのみならず、学問にも影響を及ぼした。この二つの傾向は互いに別々のものとなり、修道会制は崩れ去った。だが、これと同様の諸制度が望まれるべきなのではないか。そうした諸制度が我々の時代に必要だということを示すべく、我々は反対の原理から、つまり不信仰の一般化から出発する。この不信仰は、積極的思弁に先んじて着手される我々の時代の学問的批判と関連するものである。もはや不信仰を嘆くばかりでなく、何らかの行動が必要である。学問がキリスト教を無化するか、さもなくば学問がキリスト教と一体化するかしなければならない。なぜなら、ただひとつの真理のみがありうるのだから。したがって、学問を外的な状況に依存させないことが肝要である。そして人間というものを知りかつ愛するすべての者が望み、また予感するところの統一性に信頼を寄せつつ、学問のために、荘重にして品位をもった独立的存立を創出せねばならない。我々の時代のゼミナールとアカデミー。大学。**新たなアカデミー**。

美しい夕暮れ時も終わりを迎えていた。沈みゆく夕陽の光はなおもその力のすべてをふりしぼっているようであった。そして夕陽は、牧草地と葡萄畑におおわれた丘のいただきに魅惑的な簡素さをたたえて聳え立つ礼拝堂に、その最後の金色の光線を投げかけていた。丘の麓の谷間にはもはや微かな陽光は届かず、川波のざわめきだけが近くにあるネッカーの流れを告げていた。残照の旋律が消え去るにつれて、ネッカーのせせらぎが響き、到来しつつある夜に挨拶を送っていた。家畜の群れは小屋に戻り、野の獣もごくまれに、糧を得ようとおずおずと森の外へと這い出るばかりであった。山並みはまだ夕陽に照らされていた。これらすべてに安らいと憂いの精神が注がれていた。「ロタールよ」——二人の若者のうちの一人が会話を切り出した。彼らは、かなり長いあいだ礼拝堂の階段からこの光景をじっと眺めていたが、教会の屋根にさしていた最後の光に別れを告げるべく、その場をあとにしようかというところであった。「ロタールよ！　天の眼が自然から奪われ、広漠とした大地が解き明かす言葉もない謎のようにそこに横たわっている、そのようなとき、君もまた秘かな苦痛に心を締め付けられてはいないか。さあ、今や、光があちら側へ沈み、堂々たる山並みは闇のなかへと包み込まれている。この生動を欠いた世界は不安をかきたて、過去のものとなった美の記憶は毒にしかならない。私は、古代の自由なエーテルを離れて現代の夜へと戻らねばならぬたびに、このことを何百回となく経験した。そして、魂の死であるこわばった諦めのうちにしか救いを見いだすことができなかった。消え去った偉大なるものの記憶にまつわる感情が我々を苦しめ、我々は罪人のように歴史の前に立たされている。歴史をより深く体験すればそれだけ、この夢からの覚醒は我々を激しく揺り動かす。こちら側とあちら側は深淵でへだてられている。少なくとも私は、美しく偉大であったかくも多くのものを、もはや永遠に失われたものとして諦めねばならない。あの礼拝堂を見よ。あれを創ったのは、どれほど巨大で強力な精神であったのだろうか。その精神はいかなる力をもって広大な世界を制圧したことか。精神は静かな丘のいただきに安らぎを与える至聖所をもうけ、谷間の平地には修道院を、町の雑踏には聖堂を建てた。そして何千もの人間たちがこの精神に服従した。この精神の使徒たちは、苦行衣を身にまとい、貧しく、大地のもたらす優しい恵みを欠いたまま、あちこちをさまよい、活動した。けれども君にはこのことをすべて話す必要はなかろう。君は世界史を知っているのだから。だがこれらの一切はどこに行ってしまったのか。私が言いたいのは、あの時代から我々に伝承されたものが問題なのではないということだ。私にとって問題なのは死せる質料ではなく、むしろ、こう言ってよければ、そのなかであの時代が生じた形式、すなわちあのエネルギーと一貫性である。この形式は、無限なるもののうちへと消失してしまったように思われたが、しかしながら、中心点との照応をもっとも遠くにまで行きわたらせ、また、根源的な旋律の調べを個々の変奏のうちにしっかりとどめていた。こうした意味で、形式は、我々にとって、目下の境遇にあって比較をおこなうための視点を提供しうる唯一のものであろう。なぜなら質料はつねに所与のものであるからだ。けれども、形式は人間精神のエレメントであり、そのうちで自由が法則として作用し、そして理性が現働化する。そういうわけで、あの時代と我々の時代とを比較してみたまえ。君はどこに共同性を見いだすだろうか。かくも多くの壮麗なものをあちらの国から運んでくるような橋が、どこにあるだろうか。すべてを一息で仕上げるかのように、数々の教会を建設し、修道会を設立した、あの敬虔にして強力な精神、ひとつの中心から発して、あの時代の世界のうえに聳え立ち、すべてをみずからの知性と信仰の力に従わせた精神はどこに行ったのだろうか。」

構　想

我々においては、すべてが精神的なものに集中する。我々は豊かにならんがために貧しくなった。

古代世界

一、君主制、ギリシア、後期ローマ

中　世

二、立憲君主制

近　代

三、共和制

二への註　様々な国民、唯一の教会と唯一の教皇

三への註　万人司祭、プロテスタンティズムという序幕

III

「貧しさ」を読む

ジャック・デリダに捧ぐ

フィリップ・ラクー＝ラバルト

一九四五年六月

舞台は、一九四五年六月二七日、ボイロン修道院とドナウ川――ヘルダーリンがイスター〔イストロス〕と呼んでいた川――の上流渓谷を見下ろすシュヴァーベン・ユラ山地の高台に位置し、メスキルヒからも遠くない、ヴィルデンシュタイン城でのことである。[1] アルザスに駐屯するフランス軍部隊（三月二五日にはライン川を超えていた）の進撃の脅威から逃れるべく、フライブルク大学哲学部の教授十数名と学生三十名余は、三月よりこの地に疎開していた。城館の食堂で、ハイデガーは今回もまた、ヘルダーリンの讃歌「イスター」――まさしくイスター川を臨みながら――を注釈した。[2] この奇妙な「夏学期」も終わりをつげる頃、フライブルクとバーデン州を占領したフランス軍政当局は、大学の「非ナチ化」および浄化の手続きを開始する前段階として、あらゆる大学活動の停止を命じた。こうして六月二四日の晩に城館の広間で小さな宴会が催され、その三日後、少し離れた別会場で、[3] 終了式典、あるいは別れの式典がおこなわれた。短いピアノ演奏による前奏曲に続いて、ハイデガーの講演が予定されていた。その講演は簡素にも「貧しさ」と題されていた。ハイデガーは、ヘルダーリンが述べたとされる、あるいは少なくともヘルダーリンが述べたとハイデガーが見なす、ある「箴言」の注釈を試みる。「我々においては、すべてが精神的なものに集中する。我々は豊かにならんがために貧しくなった」。冒頭でこの箴言を引用するにあたって、ハイデガーは慎重にも原稿の欄外に次のように書きしるしている。「なぜ、世界史におけるこの現在の瞬間に、我々のために、この箴言を選び、注釈するのか。この理由が注釈それ自体によってあきらかにされねばならない」[*1]。

世界史におけるこの現在の瞬間とは、当時の日付においては、もっとも厳密かつ文字通り

（1）講演がどのような状況で、どのような機会におこなわれたかについては、F‐W・フォン・ヘルマンによる校訂註はきわめて簡略的にしか説明していない。したがって、フーゴ・オットの『伝記への途上で』（*Martin Heidegger. Éléments pour une biographie*, trad. J. -M. Beloeil, Paris, Payot, 1990〔『マルティン・ハイデガー　伝記への途上で』北川東子・藤澤賢一郎・忽那敬三訳、未來社、一九九五年〕）、また、とりわけリュディガー・ザフランスキーの『ハイデガーとその時代』（*Heidegger et son temps*, trad. I. Kalinowski, Paris, Grasset, 1996〔『ハイデガー　ドイツの生んだ巨匠とその時代』山本尤訳、法政大学出版局、一九九六年〕）を参照せねばならない。

の意味で、破局（カタストロフ）の瞬間であった。つまりUmkehr〔転回〕の、あるいはお望みとあればUmkehrung〔転覆〕の――瞬間。というのもまさにヘルダーリンは、彼の悲劇の詩学において、「カタストロフェー」という語をUmkehrungと訳したのであった。そしてハイデガー自身もまた、たいていの場合、これらの語を共鳴させながら用いている。ここでの破局（カタストロフ）が意味するのは、あきらかなことだが、ドイツの破局である――だが誤解を予防するために慎重を期して言っておくが、ドイツの破局と、ドイツ人ないし「ドイツ民族」の破局とは区別しておくべきである。「我々のためにこの箴言を選び、注釈する……」という文のなかで用いられている「我々」とは、このテクストの編者〔フォン・ヘルマン〕が婉曲的に――そうした語法を用いるのは編者のつねである――「ごく限られた内輪の聴衆」と名指しているもの、つまりハイデガーがこの晩、じかに話しかけている少数の聴衆などではなく、また疎開先において非合法的なかたちで「ドイツ的大学」に残留している者たちのことを言っているのでもない。この

（2）ハイデガーはすでに讃歌「イスター」を一九四二年の夏学期の講義で扱っている（GA 53）。一九四一―四二年の冬学期講義（GA 52）の内容にもとづいて、ハイデガーは、一九四三年のヘルダーリン没後百年祭の折に、詩「追想」についての講演をおこなうが、その冒頭で、彼は、この讃歌の本質的なモチーフと映ったもののひとつを簡潔に喚起して

いる（cf. « Souvenir », trad. J. Launay, *Approche de Hölderlin*, Paris, Gallimard, 1973, p. 101-102 ; GA 4, p. 79)。そのモチーフとは、大河がその上流においてみずからの源泉に向かって逆流し、その根源へと立ち戻り、あるいは「みずからのもとに」立ち止まる、というものである。

オットー・ペゲラーの示唆にしたがいつつ、ハイデガーの神話的系譜、あるいはラカンの言い方を借りれば「個人的神話」において「イスター〔ドナウ川〕」が担った、まさしく尋常ならざる役割を想起しておかねばならない。一九四二年の講義の全集版では公開されていないメモにしるされた次の言葉には、いずれにせよ少なからぬ困惑を覚える。「おそらく詩人ヘルダーリンは一人の思索者にとって決定的な命運となるにちがいない。しかもこの思索者の祖父は、出生証明によると、讃歌「イスター」の成立と同じ頃に（…）、オーヴィリで（ドナウ渓谷上流の岸辺に近い岸壁の下にある小作地の羊小屋で）生まれたのだ。〈言〔das Sagen〕〉の隠された歴史は偶然というものを知らない。一切が運命の賜物なのである」（Cf. R. Safranski, *op. cit.*, p. 15 et p. 351. ザフランスキー、前掲書、一二頁および四八七―四八八頁)。しかし思い出しておきたいのだが、〈言〉とは、その真理においては die Sage〔伝説〕であり、ギリシア語ではホ・ミュートスなのだ……。

（3）フォン・ヘルマンによれば、城の林務官舎〔Forsthaus〕において、ザフランスキーによれば、ベルンハルト・フォン・ザクセン・マイニンゲン公の狩猟用別館において（*op. cit.*, p. 351. ザフランスキー、前掲書、四八八頁)。

「主体＝主題」をめぐって、テクストの第一段落が示している恐るべき修辞戦略がいかなるものであれ、ここでの「我々」とは、みずからが本質的にドイツ人であることを知り、かつドイツ人であることを欲する者として、「我々」と言表する者が、そのうちに連帯的に参入するところの「我々」である。それは少なくとも一九三三年以降、そして「政治的な転進」があったにもかかわらず、ハイデガーの言説全体を支配しつづけた「我々」である。

いずれにせよ、歴史の事実は変わらない。四月以降は、ドイツ軍の敗退も最終段階に達し、第三帝国とナチ体制は崩壊した（ヒトラーが「失踪」したのは四月三〇日である）。ドイツは粉砕され、物質的に荒廃し、占領され、他国の支配下に入った。だがそれだけでなく、ドイツは公式には四つの占領区に、しかし潜在的には――あるいは現実的には――二つの占領区に分割されたのである（無条件降伏のための条約は、「西部戦線」では五月七日にランスで、「東部戦線」では八日にベルリンで調印された）。この分割の論理を、ハイデガー自身の弟子たちの一部が、[*2] のちに「ヨーロッパ内戦」と名づけることになる。彼らは（世界）紛争の開始の全責任はソ連に帰せられるべきであるという一般にファシスト的なテーゼを流布させ、「冷戦」の現実に対して事後的に裁決を突きつけた。いずれにせよ、ドイツはふたたび、もはや存在しないものとなった――それ以前に一度でもドイツが存在したためしがあったならば、ドイツはなおも存在へと到達するのを待っていないのではないか。もちろん以上のことを、ハイデガーは少なくとも一九三四年以来、繰り返し述べてきたのであり、そしてまたドイツ崩壊の数週間に、耳を傾けたいと望む者――あるいは聴く耳をもつ者――に対して、執拗に述べつづけたのである。(4)

それはそうとして、この状況下において、ハイデガー自身の進退は、完全に危機的とは言わないまでも、少なくともデリケートなものになっていた。おそらく彼は、みずからを待ち受けていた浄化委員会や職務停止〔Berufsverbot〕、年金なしの退職、等々について、正確には知らなかったであろう。それでも彼は、のちに述べているように、みずからが大過なしにこの事態を切り抜けられるとも考えていなかった。すでに前年の一一月、英米空軍

(4) R・ザフランスキーはゲオルク・ピヒトの証言を引用しているが、それによれば、ハイデガーは一九四四年一二月の来客記念帖に次のように書いていたという。「没落すること(Verfall〔崩れ落ちること・頽落〕)は、野垂れ死にするのとは違う。上昇のなかにはつねに没落が隠されている」。また同様に、すでにフーゴ・オットも引用しているが、一九四五年七月のルドルフ・シュターデルマン宛書簡には次のようにある。「我々ドイツ人が没落できないのは、我々がいまだまったく興隆しておらず、我々が夜の中を歩いてゆかねばならないからだ(*ibid.*, p.350. 同書、四八六頁)」。

によるフライブルクの（集中的な）爆撃ののち、ハイデガーは大学を休職してみずからの原稿をメスキルヒの安全な場所に移し、弟フリッツの助けを借りてそれを整理し始めていた。しかし五月になって、ヴィルデンシュタインに疎開していたハイデガーは、そこでも彼は「監視されて」いたのだが（彼にあってはいつものことだが……）、ツェーリンゲンの自宅が捜索され蔵書が押収されたとの報告を受ける。七月になってフライブルクに戻り、彼は「深刻な事態」が始まるであろうことを理解する。

もちろん、「ハイデガー氏の個人生活は問題ではない」と言うことはいくらでもできよう。そしてここで問題になっている「破局」と、少なくともハイデガーが十年前から省察しつづけ、その到来を要請してきた〈生起（Ereignis）〉とは、共通の尺度で測りうるものではないという点を強調するむきもあろう。おそらくその通りかもしれない。だが、そうはいっても次のことが妨げられるわけではない。つまりテクストにしるされた欄外の注記は、完璧なまでに明快であり、しかもある特異な厳粛さすらも刻み込まれているのである。たしかにそれはどちらかといえば「暗号（クリプト）化された」主張を予告しているが、しかし単刀直入に、こう述べているのである。世界史（Weltgeschichte）こそが問題なのであって、それ以下ではけっしてない、と。しかも驚くにはあたらないことだが、このように欄外の注記が外側から枠組みを重層規定しているテクストは、全体においてコミュニズムを論じており、当然の帰結として、西洋の命運（Geschick）を論じているのである。というのも、この日付において、「ヨーロッパ」勢力は、まさにその心臓部を――それをヘルダーリンにならって（あるいはすでにローマ人たちがそう呼んでいたように）ゲルマニアと呼ぼう――脅威にさらしていたのである。ジューコフ元帥はベルリンにあり、赤軍はエルベ河畔に駐屯し、ウィーンは陥落していた。この危険は、海の向こうから到来する危険、すなわち西側の危険とは違った仕方で不気味なものであった。それは厳密にいえば「アジア的」な危険（ギリシア人たちはそれに立ち向かった）――ハイデガーはそのように考えることもあったが――ではなかったのであり、それどころか、一九一九―二〇年以来、この危険は内的な分裂の脅威もしくは「内戦」の慢性的な脅威であったのだ。

危険と救い

六月二七日の短い演説が、こうして暗黙のうちに始まっている。おそらく、そもそも以上の理由から、この「テクスト」――フォン・ヘルマンがそのように呼んでいるのだが――は、見事なまでの方法的な手続きにもかかわらず、厳密にいえば、「講義」や「講演」といった古典的な形式のうちには収まらず、むしろ典礼的な意味での講解説教[*3]、あるいは講話の形式に則っているのである。

その語調が単に説教調だと言いたいのではない。ここでの演説の語調がとりわけ荘厳であり、いわば醒めきったその大仰さが、「少なくともきわめて厳しい」ものである「新たな時節」とあからさまに合致しているとしてもである。また、単に文体やポーズといったものが問題なのでもない。たしかに文体は、（もっとも広い意味での）教説（プレディカシオン）の文体であろうし、またそのポーズは、「真理を説く師」のポーズのようにもみえる。権威的な「総長就任演説」と「ラディカル」な英雄革命のパトスをめぐる喧しいエピソードから随分と月日が流れていたが、そのあいだにもハイデガーは、教授活動を通じて、つまり哲学するというまさにその活動において、この種の過剰なまでに原 - 倫理的かつ原 - 政治的な「メッセージ」を繰り返し公言してきた（一年後の『ヒューマニズム書簡』で、ハイデガーはこのメッセージを定義づけようとする）。そして聴衆たちは、西洋とドイツの歴史的（ゲシヒトリッヒ）な命運についてのこの種の警告、困窮と切迫（Not）のなかで保持すべき態度についてのこの種の厳命を、耳に馴染ませていた。これらはもちろん、どれひとつとして瑣末な事実ではない。だが、それらはまた本質的なものでもない。本質的なのは構造である。

　ではどのような点が本質的なのか。それはハイデガーが、この日に、この具体的な状況下で――この日付において――、ヘルダーリンの言葉（Wort）もしくは箴言（Spruch この語はキリスト教の語法では聖書の章句を意味する）を注釈し、あるいは、響き合わせつつ解明する（er-läutern）ことを「選択した」という点である。しかもそこでは、あたかも、ヘルダーリンのテクストが聖書と同様の聖なるテクストであるということが、自明視されているかのように、いかなる理由づけもなされていない。〈言葉〉それ自体が、誰であれそれを解釈するすべを知る者を権威づけ、彼がその言葉を真理のうちに保証する者、あるいは庇護する者（wâran, wart, wahr, Wahrheit 等々）[*4]と称することを認めるのである。ここで、ハイデガーは、〈言葉〉をになう者としての祭司の地位に身をおくことになる。したがってハイデガーは、ヘルダーリンの箴言〔Spruch〕、文ないし言表を導きの言葉としつつ、「省察」を随所で中断してはこの箴言を喚起しているが、これは講解説教のコードに従えば当然の手順なのである。あるいは、彼は演説の結びにおいて省察の内容の「今日的な意義」を述べ、省察を語の本来の意味で「使者的〔angélique〕」なものとし、そうすることで

〈教え〉と（はるか遠くからの）〈約束〉を厳粛な通告のうちで解き放っているが、これもまた講解説教のコードに従えば当然の手順なのである。こうした〈約束〉は、おそらく、讃歌「パトモス」の冒頭句、ハイデガーが何度にもわたって言及し、曲解したあの四行の詩節のなかにも読まれるだろう。

近くにあって
そして捉え難いのは　神。
だが危険のあるところには、
また救いも生い立つ。[*5]

この詩行は、「貧しさ」の演説においては引用されていない。むしろ演説は、より厳密に政治的ないし地政学的（つまりハイデガーにおいては民族政治的）な主題を扱っているように見える。だが、一九三四年から始まって「遺書」となる最終宣言（一九六六—一九七六年）に到るまでの、ハイデガーのあらゆる教説においてそうであるように、ここでも「パトモス」の冒頭句への反響を見いださないことは不可能にひとしい。たしかに「貧しさ」において、神は間接的にしか名指されていない。それはヘルダーリンからの二つ目の引用を介してであり、その引用のなかでは「神」と「精神」が等置されている。また、たしかに危険ないし危機（Gefahr）は、そのものとしては現れず、Not〔困窮・必要〕という語が演説の全体をつらぬいている。そしてこの演説が約束するものの核心にあるのは、救済（Heil, Rettung）ではなく、「回癒」である（単なるÜberwindung〔超克・乗り越え〕ではないものとしてのVerwindung）[*6]。とはいうものの講解説教の構造は、ここでは十分すぎるほどに強力、あるいは強制的であり、敢えていえば正典に則った図式において、説教〔prêche〕を遂行するのに足るものとなっている。それほどまでに、プロテスタント的な修辞法が強力に作用しているのである――実際、それはヘルダーリンの修辞法であったわけだ。

だがそれでもやはり、説教する〔prêcher〕ということは単に「宣言する」（praedicare）あるいは「告知する」、「公表する」といったことではなく、テルトゥリアヌスが定着させた用法においては、（言を）「教える」ということでもある。ハイデガーの講解説教は、おそらく講義ではなかったのかもしれないが、終始一貫して哲学的であり、知性による把握、あるいは理解というものを要求している。彼の講解説教は「心をうち」、感動させるだけにとどまるものではなく、また篤信ゆえの雄弁にとどまるものではない。おそらく、まさにここで、困難さのすべてが露呈するのだ。少なくとも言えるのは、その困難さが些細なものではないということである。

といっても、そこに込められたメッセージが難解だと言いたいのではない。メッセージはまったくもって明快である。ここでの困難さは、ほぼすべて暗示（アリュージョン）の実践、あるいは言葉遊びでそう言うわけではないが、欠語法（エリジオン）の技法に由来するものなのだ。その暗示の実践たるや、そもそもあの晩、おそらく元々の学生を例外として——それもどうだか疑わしいが——ハイデガーの演説の聴衆たちが、いかにして論証の筋を追うことだけでもできたのかと問うことが可能であるし、あるいはそのように問うことが不可欠なほどである。

精神的革命

すべてはヘルダーリンの「箴言」の検討から始まる。学術的な言い方をすれば、まずは「テクストの位置づけ」をおこなわなければならない（ハイデガーもこの規則に忠実に従っているように思われる)。ハイデガーは、この箴言を「西洋史の時代区分」をめぐる素描に付された題辞(モットー)とみなしている。おそらくはその通りだろう。だが、彼は当該の素描が数行のプランにすぎないことを示唆していないし、またそれが公表された特筆すべき事情についても言及していない。(5) たしかにハイデガーにおいては、恣意的で理由づけを欠いた「抜粋」といったことが常套化しているが、今回は、それが不条理にもひとしい仕方でおこなわれている。たしかにハイデガーは、このテクストの執筆年代と推測される日付に言

(5) この草案は、詩人であり、幽閉期のヘルダーリンの友人であるとともに一八四六年に最初の『全集』を編纂した、クリストフ・シュヴァープの所蔵書類のなかから再発見された一群の——その大部分が未完成な——散文テクストのひとつである。この散文テクストは、一九二六年に、フランツ・ツィンカーナーゲルによって、チューリッヒで発行された『ノイエ・シュヴァイツァー・ルントシャウ』誌にはじめて公刊された。これらのテクストの大部分はヘルダーリン本人の手によるものではなく、おそらくシュヴァープ自身によって清書され、あるいは転記されたものである(そのようなケースが例外的なものではないことは周知のとおりである)にもかかわらず、ノルベルト・フォン・ヘリングラートの大全集版(ハイデガーが参照している一九四三年の第三版より)とフリードリヒ・バイスナーの大全集版(一九四三—八五年)に収められた。いずれにせよ、バイスナーの版では「疑問資料」と記載されることになる。

及してはいる。それは一八世紀から一九世紀への転換期、一七九八年から一八〇〇年まで、ヘルダーリンがフランクフルトにほど近いホンブルクで友人シンクレールの邸宅に滞在していた時期のことである。[6] しかしただちにハイデガーはこの日付がさほど重要ではないと述べる。とりわけ、フランス革命との関連に言及することは禁物である。ヘルダーリンがみずからの時代とは異なる、それも単に歴史学的な（historisch）時間とは「別の時間」のために書いたことは自明だというのだ（「メシアニズム」がこの時間を要請する）。同時にハイデガーは、「我々」という指示詞（「我々においては、すべてが精神的なものに集中する……」）の意味の一面的な決定をしりぞける。実際、この「我々」が言表内の主体であるにもかかわらず、ハイデガーは、「ドイツ人に寄せる」という詩を予想外の仕方で参照しながら、言表行為のうちに「詩人」自身を内包させる——こうすることでハイデガーは、結論部における勧告の外見上の謙虚さ、あるいはその外見上の政治的な平和主義を先取りしている。「詩人」は「詩作しつつ『みずからの時間』を飛び越え、『諸民族の暦年』を予感する」[7]。

ヘルダーリンによる素描は比類ないほどに明晰である。それはまさしく次のようなものである。[8]

構　想

我々においては、すべてが精神的なものに集中する。我々は豊かにならんがために貧しくなった。

古代世界
一、王制、ギリシア、後期ローマ
中　世
二、立憲君主制
近　代
三、共和制
二への註　様々な国民、唯一の教会と唯一の教皇
三への註　万人司祭、プロテスタンティズムによる序幕

（6）実際、ヘルダーリンはゴンタルト家における「ディオティマ」〔ゴンタルト夫人〕との関係が引き起こしたスキャンダルののち、ホンブルクに避難したのである。

個々の定式にはいくぶん意表をつかれる点もあるが（中世の「立憲君主制」にはお手上げだ……）、西洋史をめぐるこの三部構成の素描は、完全に、急進的な敬虔主義、たとえ

（7）ハイデガーは、しばしばこの詩篇を、とりわけその後半の二連を引きあいに出す。

我らの生の時は短く限られ、
我らの年の数は眼に見え、数えられるが、
諸々の民の暦年を
死すべき眼にして見たものありや。

たとえ汝が魂　憧れに駆られ羽ばたきて
みずからの時を越えゆくとも、汝が身は
汝が同胞のもと　誰一人知る者なく
哀しみの心を友に　冷たき岸辺にとどまる（*StA* 2-1, p.10）

とりわけ、一九三四—三五年の講義『ヘルダーリンの讃歌「ゲルマニア」と「ライン」』（trad. F. Fédier et J. Hervier, Paris, Gallimard, 1988, p.101-102）において、あるいは「世界像の時代」の結論部（trad. W. Brokmeier, in *Chemins qui ne mènent nulle part*, nouvelle édition, Paris, Gallimard, 1980, p.125）においても、この箇所が参照されている。アナ・サマルジャが非常に正確に指摘しているように、「ハイデガーの解釈は」、一般に、「注釈された詩行よりもはるか遠くへと『飛躍』している」（Ana Samardzija, « De l'utilité et de l'inconvénient de la pauvreté pour l'Histoire — Lecture d'une conférence de Heidegger », *Art 3*, École National des Beaux-Arts de Lyon, 2003, p.25-27）。彼女は、とくに一九三四―三五年の講義の次の箇所を挙げている。そこで、ハイデガーは、ヘルダーリンが公然と表明している「ノスタルジー」をいささか性急に節約してしまっている。「だが諸民族の暦年という時間は我々には隠されたままである。しかしみずからの時間〔みずからの生きる時代〕とその計算可能な今日を飛び越えてゆく者、詩人のように飛び越えながら自由な開かれ（das Freie）へと飛んでゆかずにはいられぬ者は、他方また、彼が生涯その同胞であった人々にとって疎遠な者とならざるをえない。彼は自分の同胞がわからず、また自身は彼らにとって憎悪の的となる。みずからの時間のかわりに真なる時間を問い訊ねることによって、そのつど彼は今日という時間からはみだしてしまうのである。我々の本来的な歴史の時間を我々は知らない。我々の民族の世界時間は我々に隠されている」（*op. cit.*, p.57 ; *GA* 39, p.50）。一九四五年においては、少なくとも明示的には、もはや「我々の民族」とは言われず、そのかわりに「西洋」、あるいは最終部では「西洋の諸民族」と言われている。こうしたわずかな差異はあるものの、その主張は三四―三五年の講義と同じ類のものである。あとで確認することになるが、じつのところ、厳密には何も変化していないのだ。

（8） 引用はバイスナー版の全集から。*StA* 4-1, p.309.

ばトーマス・ミュンツァーやヤーコプ・ベーメの神学政治的パースペクティヴに組み込まれている。後者の名は、ハイデガーの論述のなかに突如として現れることにもなる。[9] ヘルダーリンにしてみれば——あるいは他の誰かがこのテクストを執筆したとしても——、「全般的」宗教改革〔万人司祭〕は、近代的「転覆」(Umkehrung) つまり革命による共和制の設立の前奏曲であったのだ(ハイネとマルクスが述べたのもまさしくこのことにほかならなかった)。そしてベーメは、〈教会〉の再建およびルターと領邦諸侯との同盟に激怒し、「全般的」な宗教改革を求めたのだった。ヘルダーリンはテューービンゲンの神学寮で過ごした当時から共和主義者であり、その友シンクレールおよびゼッケンドルフとともに(「シュヴァーベン共和国」を樹立しようともくろんだ)「自由人同盟」に加担していた。彼は「君主制の力」(「天上」においても「地上」においても)と、〈一者〉を求める「病的な欲望」に対してたえず抗議しつづけた。彼はドイツにおいて、「従来の一切のものを恥じ入らせるような信念と考え方の革命が将来起こる」ことを期待していた。[10] その革命は、フランス革命によっては達成しえないものであることがすでに明白になっていた事柄を、「精神的革命」として達成するためのものであった。ハイデガーがこれらの事情を知らなかったはずは絶対にない。だが、彼はそれに言及しない。より正確には、ハイデガーが他の一切のことを語らないとしたら、それは遠まわしな言い方で、ヘルダーリンを熟知した（熱心な）読者のみが理解しうる語彙をもって、これらの事情を述べているということなのだ。そして、その当時においてはとりわけ解読が困難な暗号にもとづいて――ヘルダーリンが従っていた暗号を考慮に入れつつ特別に捏造された暗号にしたがって――、それを述べていたのだ。そもそも「ドイツ」、「民族」（あるいは「国民」）、「ヨーロッパ」、「革命」(Umkehrung)、「精神的革命」、等々の語は、「一八世紀と一九世紀の移行期（…）の時代」と二〇世紀の三〇―四〇年代とでは、まったく異なった意味をもっているのである。

その証拠に――これには多少なりとも驚かされるのだが――ハイデガーは、みずからの「省察」の機縁とするために抜粋してきた文言が組み込まれている断片のコンテクストに

（9）Cf. Ernst Bloch, *Thomas Münzer, Théologien de la révolution.* エルンスト・ブロッホ『トーマス・ミュンツァー　革命の神学者』樋口大介・今泉文子訳、国文社、一九八二年、とくに第四章第三節を参照。また、「全般的改革」のモチーフについては、Alexandre Koyré, *La philosophie de Jacob Boehme,* rééd., Paris, Vrin, 1971 を参照。

（10）とりわけ一七九八年一二月二四日のシンクレール宛書簡と、一七九七年一月一〇日のエーベル宛書簡を参照（*Œuvres,* éd. Ph. Jacottet, Paris, Gallimard, « Bibliothèque de la Pléiade », 1967, p. 686 et p. 404 ; *StA* 6-1, p. 299-301, 228-230)。

ついては、それが彼の論考の対象そのものであるにもかかわらず、一瞬たりとも言及しないのである。シュヴァープが保管していた、さもなくば彼が書き写した書類束のなかで、先に引用した「構想」と一体をなし、その直前にしるされている対話の「草案」――それは対話というジャンルのロマン主義的な実践と非常に近いところにある[11]――は、「精神たちのコミュニズム」と題されているのである。（「コミュニズム〔Communismus〕」という語はドイツ語風のKではなくフランス語風にCで始まっている。しかもこれは、当時としては、革命期のフランスにおいてさえ、きわめて珍しい語であった。この語が本格的に用いられるようになるのは一八四〇年頃からである。バブーフはみずからを「コミュノティスト」と定義しており、レチフ・ド・ラ・ブルトンヌのみが、一七九七年に刊行された自伝『ニコラ氏』においてこの語を用いている。[*7] これに対して、ドイツでは、Kommunismus は、一七九四年の時点ですでに、革命的「超左派」、すなわち平等派、過激派、等々の意味で用いられている例を確認することができる[12]。ヘルダーリンの知人であり、彼がきわめて高く評価していたハインゼも、みずから「コムニスト〔Kommunist〕」と称していた[13]。）

そういうわけで、「精神たちのコミュニズム」は、実際に、ほとんど見紛うことなく、「精神的革命」への呼びかけなのである。

(11) たとえば『アテーネウム』誌に発表された「文芸についての対話」は、同じ年代のものである。この時期、ヘルダーリンは、曲がりなりにもその社会生活において、『アテーネウム』誌の対抗誌として『イドゥーナ』誌の仕上げに没頭していた。

(12) Cf. *Dictionnaire historique de la langue française*, Paris, Le Robert, 1992. この辞書の項目には、次の論文を参照するよう指示されている。Jacques Grandjonc, « Communisme / Kommunismus / Communism / Origine et développement international de la terminologie communautaire, *Cahiers d'histoire*, n° 77, Paris, Éditions Champ libre, 1975.

(13) ハインゼは、とりわけ「ユートピア主義」小説、『アルディンゲッロと至福の島々』〔Wilhelm Heinse, *Ardinghello und die glückseeligen Inseln*.『ユートピア旅行記叢書』第一一巻所収、抄訳、轡田収・鷲巣由美子訳、一九九七年〕の著者として知られている。ヘルダーリンは一七九六年に、戦争からの避難のためにズゼッテ・ゴンタルトとその子供たちに付き添って、カッセルに逗留した際、ハインゼと出会っている。ヘルダーリンはそのことを弟と、友人ノイファーに語っている(一七九七年一月一〇日)。ハイデガーは、「ライン」についての講義でこの詩の第一〇連を注釈する際に、ヘルダーリンが最後になってハインゼの名をルソーへと入れ替えたという事実について議論していることが知られている。ハイデガーはこの入れ替えが「ルソーへの参照」を払い除ける——このように言っているのはハイデガーである——ためのものであったと解釈しているが(*op. cit.*, p. 254-255 ; *GA* 39, p. 277-278)、これもまた厄介な問題である……。

このテクストの「作者」については、長年にわたって議論されてきた。最大限に譲歩して、第一段落は、少なくともヘーゲルから「想を得ている」とは言えよう（だがシェリングからの着想でないことは確実である）。ヘルダーリンは、「フランクフルト期」においてヘーゲルと密接な関係にあったからだ。(14)「舞台設定」の指示はどちらかというと淡々としている。対話篇の話者である四人の名前がページの両側に二人ずつ配置されている。「オイゲンとロタール」「テオバルトとオスカー」。それから簡潔な場面指定。「日暮れ時。礼拝堂。広々とした豊かな土地。川。森。友人たち。礼拝堂だけがまだ夕陽に照り映えている。中世のことが話題にのぼる」。ところが、これに続く「綱領（プログラム）」にあたる部分は、きわめてはっきりと「初期ヘーゲル」の「影響」を受けており、あるいはもっと後の時期のヘーゲルの文章を思わせる内容になっている*8（おそらく最終的には、すでにこの箇所において、当然の相違はあるにせよ、「後期」ハイデガーとの対比が可能である）。

理念的な意味に則った修道会制。それは宗教に影響を及ぼすのみならず、学問にも影響を及ぼした。この二つの傾向は互いに別々のものとなり、修道会制は崩れ去った。だが、これと同様の諸制度が望まれるべきなのではないか。そうした諸制度が我々の時代に必要だということを示すべく、我々は反対の原理から、つまり不信仰の一般化から出発する。この不信仰は、積極的思弁に先んじて着手される我々の時代の学問的批判と関連するものである。もはや不信仰を嘆くばかりでなく、何らかの行動が必要である。学問がキリスト教を無化するか、さもなくば学問がキリスト教と一体化するかしなければならない。なぜなら、ただひとつの真理のみがありうるのだから。したがって、学問を外的な状況に依存させないことが肝要である。そして人間というものを知りかつ愛するすべての者が望み、また予感するところの統一性に信頼を寄せつつ、学問のために、荘重にして品位をもった独立的存立を創出せねばならない。我々の時代のゼミナールとアカデミー。大学。新たなアカデミー。

（14）これは、このテクストの最初の完全なフランス語訳（したがって「構想」もそこに含まれている）を発表したジャック・ドントによる見解である。このフランス語訳とともに発表された「歴史の抹殺」という彼の論考から、我々は貴重な手がかりをえることができた（« Le meurtre de l'histoire », *Cahier de l'Herne. Hölderlin*, dir. J. F. Courtine, Paris, Éditions de l'Herne, 1989, p. 219 sq.)。「構想」を切り離した形での、「精神たちのコミュニズム」の最初の翻訳は、アルメル・ゲルヌ編のアンソロジーのなかで発表されている（*Les romantiques allemands*, Paris, Desclée de Brouwer, « Bibliothèque européenne », 1963)。

これに対し、テクストの第二部はまったく異なった発想のものであり、あるいはまったく異なった「文体」で書かれている。導入部の場面指定は、こんどは十分に「後期」ハイデガーを想起させるものである。

美しい夕暮れ時も終わりを迎えていた。沈みゆく夕陽の光はなおもその力のすべてをふりしぼっているようであった。そして夕陽は、牧草地と葡萄畑におおわれた丘のいただきに魅惑的な簡素さをたたえて聳え立つ礼拝堂に、その最後の金色の光線を投げかけていた。丘の麓の谷間にはもはや微かな陽光は届かず、川波のざわめきだけが近くにあるネッカーの流れを告げていた。残照の旋律が消え去るにつれて、ネッカーのせせらぎが響き、到来しつつある夜に挨拶を送っていた。家畜の群れは小屋に戻り、野の獣もごくまれに、糧を得ようとおずおずと森の外へと這い出るばかりであった。山並みはまだ夕陽に照らされていた。これらすべてに安らいと憂いの精神が注がれていた。

第一部における「施政方針」――しかしそれは全体の三分の一にすぎない――に置き換わるこの対話の開始部は、中世キリスト教の修道院制と(カトリック)教会への「歴史的(ゲシヒトリッヒ)」な参照にもかかわらず、ハイデガーの主張そのものと、そして一九三四年以降に発せられた数多くの同類の主張と奇妙にも共鳴している(15)(たしかに修道院とカトリック教会が〔元初としての〕古代と同等の地位にまで引き上げられてしまうが、今回だけは見逃しておこう)。

(…)ロタールよ! 天の眼が自然から奪われ、広漠とした大地が解き明かす言葉もない謎のようにそこに横たわっている、そのようなとき、君もまた秘かな苦痛に心を締め付けられてはいないか。(…)私は、古代の自由なエーテルを離れて現代とい

(15) ハイデガーはといえば、ドイツのプロテスタント神秘学と神智学(ベーメ)を参照することで、それが「現実の社会主義」のもとで、いまも生き残っていると推測した。とはいえ彼は、それを「ロシアの魂」ないし「スラヴの魂」とは呼ばなかった(スラヴの魂は、正教会を経由してギリシアへとふたたび導かれるだろう)。ハイデガーが真に主張しようとしているのは、むしろ、ロシア人は最終的にはドイツ人である、といった類のことである。もっとも、それは我々フランス人がドイツ人であるのと(ほとんど)同様なのだが……。

う夜へと戻らねばならぬたびに、このことを何百回となく経験した。そして、魂の死であるこわばった諦めのうちにしか救いを見いだすことができなかった。消え去った偉大なるものの記憶をめぐる感情が我々を苦しめ、我々は罪人のように歴史の前に立たされている。歴史をより深く体験すればそれだけ、この夢からの覚醒は我々を激しく揺り動かす。こちら側とあちら側は深淵でへだてられている。少なくとも私は、美しく偉大であったかくも多くのものを、もはや永遠に失われたものとして諦めねばならない。あの礼拝堂を見よ。あれを創ったのは、どれほど巨大で強力な精神であったのだろうか。その精神はいかなる力をもって広大な世界を制圧したことか。(…)何千もの人間たちがこの精神に服従した。この精神の使徒たちは、苦行衣を身をまとい、貧しく、大地のもたらす優しい恵みを欠いたまま、あちこちをさまよい、活動した。けれども君にはこのことをすべて話す必要はない。君は世界史を知っているのだから。だがこれらの一切はどこに行ってしまったのか。私が言いたいのは、あの時代から我々に伝承されたものが問題なのではないということだ。私にとって問題なのは死せる質料ではなく、むしろ、こう言ってよければ、そのなかであの時代が生じた形式、すなわちあのエネルギーと一貫性である。この形式は、無限なるもののうちへと

> 消失してしまったように思われたが、しかしながら、中心点との照応をもっとも遠くにまで行きわたらせ、また、根源的な旋律の調べを個々の変奏のうちにしっかりととどめていた。（…）形式は人間精神のエレメントであり、そのうちで自由が法則として作用し、そして理性が現働化する。そういうわけで、あの時代と我々の時代とを比較してみたまえ。君はどこに共同性を見いだすだろうか。（…）あの敬虔にして強力な精神はどこに行ったのだろうか。（…）ひとつの中心点から発して、あの時代の世界のうえに聳え立ち、すべてをみずからの知性と信仰の力に従わせたあの精神は。

この一節は、たしかに革命的なマニフェストというよりはノスタルジックな夢想の類に属するもののように思われる。だが精神への呼びかけが、また、精神による精神に応じての行動への呼びかけが、同時に革命的なものであるということを見誤ってはならない。いずれにせよ、ヘルダーリンにとって、そのうえヘーゲルにとっても、精神への呼びかけはつねに革命的なものであったし、またハイデガーにとってもそうであった可能性は高い。たとえ彼の革命のスタイルが、あきらかに、むしろ「〔ギリシア・ポリス的な〕重装歩兵」による革命を念頭においたものであるとしても（一九四二年の講義『ヘルダーリンの讃歌

「イスター」』でも、あろうことかギリシア人たちを本来的な国民社会主義者とみなす唖然とさせられる文章を読むことができる）、そしてまた、ハイデガーにおいては、フランス革命、ルソー、「リベラル精神」、普遍主義、「世界市民主義」、民主主義、等々に対する嫌悪が、最後まで、つねに優位を占めていたとしてもである。だが、ここでもまた、次のことを見誤ってはならない。「ソフォクレス註解」（一八〇四年）において、祖国的転回〔vaterländische Umkehr〕——これは当時の政治的な暗号に従うならば、最終的に、「国民革命」ではないにせよ、「祖国革命」[16]と訳すこともできる——のモチーフが現れるはるか以前から、ヘルダーリンは総裁政府〔一七九五—九九年〕の樹立以来、革命（の残滓）に対して距離をとるようになっていた。たとえ彼がリュネヴィル講和（一八〇一年）の時点まで、あるいはそれ以降もボナパルトに対して讃嘆の念を抱きつづけたとしてもである。[17]なかでも、すでに言及した一七九七年一月一〇日のエーベル宛書簡が、彼の革命に対する距離を証拠づけている。この書簡は、たしかにドイツ人たちに対する凄まじい非難を含んでおり、その非難は、ヒューペリオンからベラルミーンに宛てた「憤懣の」書簡、『ヒューペリオン』の最後から二番目のきわめて有名な書簡を想起させずにはおかないし、[18]あるいはその数年後に書かれた「しかし彼ら［ドイツ人たち］は私を必要としていない」という悲嘆の訴えをも想起させる。ちなみにこの訴えはハイデガーの同情と憤慨を惹起することにもなる。[19] だがそうした非難にもかかわらず、ドイツこそが、「精神的革命」の担い手として期待される。そのうえ、革命が約束するのは――驚くまでもないが――貧しさから豊かさへの転換なのである。

一般的にいって、私は、高揚と解体はかならず消滅かあるいは新しい形成のどちらかに否応なく向かうのだ、という点に一種の慰めを見いだしています。しかも、消滅

---

(16) また、「母国的転回〔retournement natal〕」と訳されることもあるが、このような婉曲表現は出来の悪いものであり、さらに今回ばかりは「言語道断」でさえある。「母国的転回」という訳語の帯びた、少なくともかろうじて「存在論的」と呼びうる負荷(こうした訳語によって「生誕」への信用貸し付けが可能でさえあるならば)は、ひとを欺くその政治的コノテーションをきわめて不十分にしか隠蔽していない。

(17) 讃歌「宥和者」と「平和祭」を参照。J・P・ルフェーヴルが示唆しているように、ヘルダーリンが一八〇一年の年末にボルドーへと赴く際にリヨンを経由したのは、そこでボナパルトを目撃できると期待していたためだという可能性も、十分にありうる。ボナパルトはリヨンでコンサルヴィ枢機卿と政教協約(コンコルダート)の締結のための交渉をしていたのだ。ヘルダーリンにとってボナパルトは、長いあいだ、「平和の君主」と映っていた。

というものは存在しません、つまり、世界の青年期は、我々の死滅からふたたびめぐり帰ってくるにちがいないからです。世界が今ほど乱雑に見えることはかつてなかったと確信をもって言うことができます。世界は矛盾と対立の途方もない雑多です。旧と新！　文化と野蛮！　悪意と情熱！　羊皮に包まれた利己主義と狼皮をかぶった利己主義！　迷信と不信！　奴隷根性と専制主義！（…）精神を失った感覚と感覚を失った精神！　哲学を欠いた歴史、経験、伝統、そして経験を欠いた哲学！（…）こういう繰り言を夜明けから夜半まで続けても、この人間の混沌のほとんど千分の一も語ったことにはならないでしょう。しかし、こうであるほかは仕方がないの

(18)「昔からの野蛮人。勤勉と学問によって、そして宗教によってさえも、いっそう野蛮になったのだ。神的な感情に対する素質は極度になく、聖なる優美の女神の幸福にあずかるには骨の髄までくさっている。とめどもない誇張癖とみすぼらしさは高雅な人々を傷つけ、遅鈍で不調和なことは、投げ捨てられた器物の残骸のようだ（…）。これは厳しい言葉だ。だがそれが真実である以上、言わずにはいられない。ドイツ人ほど支離滅裂な民族は考えられない。職人はいる、だが人間がいない。思想家はいる、だが人間がいない。牧師はいる、だが人間がいない。主人と使用人、青年と大人はいる、だが人間がいない。（…）古代人の長所とは単にはなやかな欠点にすぎないと、だれか口の悪い人

間が言ったことがある。しかし、考えてみれば、彼らの欠点さえ長所なのだ。なぜなら、古代にはまだ子供のような精神、美しい精神が生きていたし、彼らのしたことには、何ひとつとして魂の入っていないものはなかったから。しかしドイツ人の長所はなやかな病患で、それ以上の何ものでもない。それはほんのまにあわせの仕事で、小心な顧慮と奴隷の辛苦によって、ひからびた心からむりやりに作り出されたもので、純粋な魂にはなんの慰めにもならない。純粋な魂は、美によってはぐくまれることを欲し、ああ、高貴な天性に具わる聖なる諧音に慣れて、雑音に我慢がならないのだ。その雑音が、このドイツ人たちの、生命のないあらゆる秩序整頓のなかにのさばっているのだ」(*Œuvres*, *op. cit.*, p. 267-268 ; *StA* 3, p. 153-154)。

(19) 一八〇一年一二月四日、ベーレンドルフ宛書簡。「僕はいま惜別の念に耐えないのです。長いこと泣いたことがなかったのですが、いまはこんなに辛い涙を流しています。いま祖国を去る——おそらく永久に——決心をしたのですから。僕にとって祖国よりいとしいものがこの世にあるでしょうか。でも祖国の人々は僕を必要とすることができないのです。いずれにしても僕はドイツ人であり続けたいと思いますし、またそうするほかありません。たとえ心と生活の困窮〔Not〕のためにはるかオタヒティに行くことになろうとも」(*ibid.*, p. 1005;*StA* 6-1, p.427-428)。ハイデガーは次のように注釈している。『でも祖国の人々は僕を必要とすることができないのです』。この恐ろしい言葉をドイツ人は、なおどれほど長く聞き逃すのであろうか。彼らの現存在の大いなる転回が彼らの眼からうろこを落とさぬかぎり、そもそもどうして彼らは、この言葉を聞くための耳をもちうるというのか」(Cours sur *La Germanie* de 1934, *op. cit.*, p. 131 ; *GA* 39, p. 136)。

です。この我々に知られている人類の一部のこういう性格はおそらく常ならぬ出来事の先触れなのです。私は、従来の一切のものを恥じ入らせるような信念と考え方の革命が将来起こると信じています。そのときドイツはおそらくそれに大きな寄与をなすことができるでしょう。ひとつの国家は、静かに成長すればするほど、成熟したときは、素晴らしい国家になるものです。ドイツは静かであり、謙虚であり、多くの思索がなされ、多くの仕事がなされ、青年の胸は大きく揺れ動いています。しかも、この動きは、どこかよその国のように常套句に変質させられてしまうことはありません。豊かな形成、そしてさらに、無限に多く！　形成を待っている素材！　――善良さと勤勉、魂の幼年時代と精神の成人時代、これは、優れた国民を育てあげる要素なのです。これらの要素がドイツ人以上に見いだされるところが他にあるでしょうか。なるほど、破廉恥な模倣癖はドイツ人に多くの災いをもたらしました。しかし、ドイツ人は哲学的になるにしたがって、自立的にもなっていくでしょう。友よ、あなた自身も、これからは祖国のために生きなければならない、と言われました。あなたはそれをすぐになさいますか。帰っていらっしゃってください。どうかこちらに来てくださ い。あなたが帰っていらっしゃらない理由が私には分かりません。あなたは、パリにおいては貧しい人間です。しかし、ここでは、あなたの胸はじつに、じつに豊かなのです。あなた自身がおそらく認めている以上に豊かなのです。そして、あなたの精神はここでは、私の考えでは、窮乏することはないのです。ここにはあなたの友人がいます、いや友人以上のものです。(…)しかし、我々の仲間内においでになれば、あなたは、すっかり自分を取り戻せるのです。私がこの手紙を書き始めてから、ヘーゲルが当地にやって来ました。あなたはヘーゲルに対して好意をもたれることと思います。[*9]

ドイツとヨーロッパ

以上の説明をもって、状況が少しばかりは解き明かされたのではないだろうか。一九四五年六月の講解説教においてハイデガーが「精神たちのコミュニズム」に訴えたのは、忌まわしいボルシェヴィズム(自称コミュニズム、「粗雑な唯物論」、それはもちろんマルクス・レーニン主義、科学主義、等々である)に対抗するためだったのだと言いたいのではない。もちろん、この時期の（刊行された）テクストのなかには、少なくとも目立たない仕方ではあるが、「ユートピア」主義が表明されているものがないわけではない。[20] しかしここで言いたいのは、ハイデガーが、災厄の深淵の縁においてさえ、あるいは災厄の完遂のうちにおいてさえ、ドイツに対して「精神的革命」を、つまり形而上学とその「技術」としての世界支配を超え出る跳躍を要請したということである。一九三三年の時点で、彼が妥協なしに、力ずくで国民社会主義へと加担したときに信じていたのも、このような革命、このような跳躍だったのである。一年もしないうちに失望し、あるいはみずからの「過誤」を真に確信したのではないにせよ、裏切られたと判断したとき、ハイデガーは同じもくろみをもって、あるいは同じ希望をもって、ヘルダーリンを「英雄」として選択した。このドイツ「民族」のいまだ理解されず、誤解された、秘せられた英雄が、いずれにせよ、ドイツの歴史的（ゲシヒトリッヒ）「負託」をになう高みにあることを、ハイデガーは期待したのである。[21] そして一九四五年、まさにこの日付において、なおもハイデガーは同じ期待を繰り返し表明しているのだ——そのことを理解するすべを知る聴衆に語りかけることによって。以来、ハイデガーは倦むことなく反復しつづけた。少なくとも、弱音器をつけて、あまり抑揚を加えず、あるいは「政治的」なビブラートを加えずに。ドイツのみへの関心

（20） ユートピア主義は、こっそりと、そしておそらくきわめて両義的な仕方で表明されている。たとえば思い浮かぶのは、一九五四年に刊行された「形而上学の超克」（一九三六―四六年）の第二七命題および第二八命題である。「牧人たちは、もはや人間による支配を確実なものとすることにしか利することのない荒れ果てた大地の外に、人目をしのんで住んでいる。（…）あらかじめ道を指示する同伴者がいなければ、いかなる変化も生じえない。しかし生起（Ereignis）がみずからを空け開かないとしたら、同伴者はどのようにして近づいてくるというのか。呼びかけつつ、用いつつ、人間存在を視界にとらえる、すなわち、眼差しを送る生起、そしてこの眼差しにおいて死すべき者たちを思索的‐詩作的建立の道へともたらす生起が、みずからを空け開かないとしたら」（*Essais et conférences*, trad. A. Préau, Paris, Gallimard, 1958, p. 113 et 115 ; *GA* 7, p. 96, 98）。

同様の主張は、もちろん『哲学への寄与』にも見いだされる。しかしその「政治的」ニュアンスは、あからさまに、より疑わしいものである。そこで問題とされているのは、単に存在の（孤独な）「番人」としての思索者なのでもなく、また、「創設者」とみなしうる（創作と思索にかかわる）「少数の者たち」なのでもなく、神秘的な「団結」、おそらく極言すれば、「精神たち」によるある種の内密なる「インターナショナル」である――少なくとも「母国的」なものが、そこで支配的な役割を果たすのでなければの話だが。「団結」のモチーフは、そのうえ、「ポピュリスト的」なファシズムに対して（そしてもちろんそれ以外の全潮流に対して）敵対していた極右の諸集団において広く流布していたモチーフでもある。要するにそれは、ある種の「選ばれた者たちの共謀」である（とりわけ *GA* 65, p. 96 を参照）。

を、彼が手放すことはけっしてなかった。とはいえドイツは単に母なる大地、「郷里」、「我が家」(Heimat)、さらにはヘルダーリンの「祖国」だったのではない。たとえ(少なくとも)バレス以来のヨーロッパにおける極右の言説の場合と同じく、ハイデガーの教説においても、「根づき」の主題系がしつこく回帰してくるとしてもである。ドイツ、あるいはdas Deutsche(ドイツ的であるもの、「ドイツ性」のようなもの、言語、民族、精神、これらが渾然一体となったもの)、それは世界史の全体を視野に入れるとき、「思索者たちと詩人たち」の場ないしは在所なのだ。あるいは結局は同じことだが、ドイツとは、そこから発して西洋そのものが、「いまだに興隆していないもの」として、その隠された偉大さにおいて(再)出現し、(再)開始しうる、そのような比類なき(選ばれた)場なのである。ドイツとはまさしく西洋の運命が作用する在所であり、そこでまた、西洋の根源、あるいは元初的な跳躍(Ursprung)の忘却が、否応なしに、大規模設備化(Gestell)、過剰搾取、過剰生産、そして過剰組織化のもとで――これらの責任は根源の健忘にある――窒息と衰弱とをもたらす。それゆえ、西洋ないし西欧の運命の始原〔initium〕(あるいは元初〔Anfang〕)の想起(アナムネーシス)は、思索のもっとも固有な、もっとも緊急の、そしてもっとも必要とされる(nötig)「使命」なのである。それゆえにまた、少なくともドイツが自己自身を忘却していないならば、そしてみずからの詩人――〈声〉と彼の〈言(ことば)〉、そして彼に送り届けられた〈メッセージ〉――に「耳を傾ける」ことに同意するならば、ドイツはその使命を果たすことができる。その理由は、まさしく、ドイツの〈詩〉とその詩に秘められた〈思索〉こそが〈歴史的(ゲシヒトリッヒ)なもの〉の「創出」だからである。(22)

以上が、いくぶん足早であったが、国民社会主義の内部における、かつまたそこから距

---

(21) 英雄、民族、歴史、これらの関係は、周知のように、共存在〔Mitsein〕と共同存在の諸様相を扱った『存在と時間』第七四節以来、あらかじめプログラムされていた。ハイデガーは、ヘルダーリンが「ドイツ人たちにとってその作品を耐え抜くことがいまだに差し迫っている」ような詩人（« L'Origine de l'œuvre d'art », 1936, *Chemins...*, *op. cit.*, p. 89 ; *GA* 4, p. 66）であるということ、あるいはさらに、「彼の言葉はまだ聞かれておらず、西洋のドイツ人の言語のなかに保存されている」（« Comme au jour de fête », 1941, trad. M. Deguy et F. Fédier, *Approche de Hölderlin*, Paris, Gallimard, 1973, p. 98 ; *GA* 4, p. 107）、そのような詩人であると、何度となく主張している。「英雄」とは、このような意味で、あきらかに指導者＝総統〔Führer〕ではないし、また、たとえばマックス・コメレルのような人物が一九四二年に『ドイツ古典における指導者としての詩人』〔*Der Dichter als Führer in der deutschen Klassik. Klopstock, Herder, Goethe, Schiller, Jean Paul, Hölderlin*, Georg Bondi, 1928〕において理解しえた意味における指導者ですらない。

離をおいた——完全にその外に出ているわけではないが——困難にして苦痛にみちた十年間の軌跡の要約である。ハイデガーが偶然的なものと「歴史学的（ヒストーリッシュ）なもの」に対して示した軽蔑がいかなるものであれ、この十年のあいだに、彼が「〈ナチによる〉作戦の展開」を至近距離から追跡し、だんだんと（さまざまな受け手に応じて）その言説を変化させていったのはあきらかである。いくつかのテクストを読んでみたい。一九三四年から一九四四年への軌跡は、まっすぐに、あるいはほぼまっすぐに、一九四五年の「省察」——そして霊的講話による勧告——へと、つまり「ヨーロッパの諸民族」にむけてのアピールへと通じるものである。この言説の変化を唐突なものと考えたくもなるが、それは性急というものであろう。

たとえば、あくまでいくつかの例にすぎないが

——一九三五年　講義『形而上学入門』

このヨーロッパは、救いのない眩惑のなかでいつも自刃しようと身構えているのだが、いまや、一方ではロシア、他方ではアメリカのあいだで、巨大な万力に挟まれている。ロシアとアメリカは、形而上学的に見れば、同じものである。枷を外された技

術と平均的な人間の地盤を欠いた組織化が、同じように慰めもなく荒れ狂っている。「これより少しあとで、ハイデガーはすでに「総動員」、イデオロギー、そして「世界観」を批判することで、「計算的知性」を問いにふしている。」

この知性の奉仕は、（マルクス主義の場合のように）物質的な生産関係の規制と制御に関わるにせよ、あるいはもっと一般的に言えば、（実証主義の場合のように）すべてのそのつど目の前にあるもの、そしてすでに確立されているものの合理的な整理と解明に関わるにせよ、あるいはまた、知性の奉仕が生きた大衆や種族として捉えられた民族の組織的な指導において遂行されるにせよ[23]〔いずれにしても知性となった精神は、何か他のものに対する無力な上部構造になるのである〕。

（22）ここでもふたたび、ルソーが「忘却」されている……。あいかわらずヘルダーリンの意に反して——さらにはヘーゲルの意に反して。そもそも、忘却されたもののこうした（再）想起において、「忘却された」すべてのものを見つけだそうとしたら、終わりのない作業になるだろう。まずもって、イデアの形而上学的な存在論にはかならずしも還元されない、ある種のプラトン的な「論理」が忘却されている。しかしそれはまた別の「物語＝歴史」である。

（23）*Introduction à la métaphysique*, trad. G. Kahn, Paris, Gallimard, 1967, p. 49 et 58 ; *GA* 40, p. 41, 50.

――一九三六―三八年　講演「形而上学による近代の世界像の基礎づけ」

人間は主体＝基体（スブイエクトゥム）となった。それゆえに人間は、自分自身を把握し欲することに応じてそのつど、主体性の本質を規定し実現することができる。啓蒙時代の理性的なものとしての人間は、みずからを国民として把握し、民族として欲し、人種としてみずからを訓育し、結局はみずからに全世界の主の権限を与える人間に劣らず、主体〔Subjekt〕なのである。（…）主観的な利己主義にとっては、たいていは気づかぬうちに自我があらかじめ主観として規定されているが、この利己主義は、自我的なものが我々のうちに組み入れられてしまえば打ち倒されうる。主体性はそれによってますます力を得るばかりである。人間の主体中心主義は、技術的に組織化された人間の惑星的な帝国主義においてその絶頂に到達し、そこから、組織化された画一性の平面へと降りてきて、そこに居を構えるであろう。この画一性は、大地に対する遺漏のない支配、つまり技術的な支配の、もっとも確実な装置となる。(24)

――一九三七年「討議への道」

西洋の歴史的‐精神的形成にもっとも本質的に関与している隣り合った二つの民族――フランス人とドイツ人――がひとつの合意に達することがどうしてそれほど難し

いか、そういった難しさをいぶかる思いに我々は幾度となく遭遇する。

（…）

両民族間の真の相互理解は、次の一事でもって始まり、それでもって実現される。それは、創造的な対話のやりとりのうちで遂行されるべき省察を、両民族が歴史的に持参させられた遺産と、歴史的に委託された使命へと向けることである。このような省察において、両民族はそれぞれに固有なものへと送り返され、高められた明晰さと決然たる態度でもってその固有なるもののうちに存立することが可能になる。しかしながら一民族にとってもっとも固有なものは、その民族に割り当てられた創造のはたらきであり、それによってその民族は、自己自身を越えてその歴史的な負託へと向けて成長を遂げ、かくしてはじめて自己自身となる。現今の世界時間において、西洋の歴史形成的な両民族に与えられた負託の根本特徴は、まさしく西洋を救済するという点にある。救済とはここでは、ちょうど今なお手もとにあるものを単に維持すること

（24）「『世界像』の時代」、補遺九。この補遺は一九三八年に執筆されたが講演では述べられず、『杣径』（一九四九年）において公表された（cf. *Chemins..., op. cit.*, p. 144 ; *GA* 4, p. 110-111）。

をいうのではなく、根源的に新しく創造しつつ、みずからの過去と未来の歴史の正当性を証明することを意味する。それゆえ、隣り合った民族のそのもっとも固有なものにおける相互理解とは、この救済の必然性をおのおのに固有な使命として互いに知らしめることである。この救済の必然性（Notwendigkeit）を知ることは、とりわけ、西洋の最内奥における脅威とともに生じてくる困窮（Not）の経験、および西洋的な現存在における諸々の最高の可能性を変容させる投企への力に起因する。けれども、西洋にのしかかる脅威は完全な根こぎと全般的な混乱に向かって追いやろうとするので、刷新への意志は根底から発して、究極の決断によって、混乱とは逆方向へと導かれていかなければならない。

（…）

本来的な相互理解は、やがて相互的な無関心にまで退化してしまうような気休めを生み出すものではなくて、それ自身において、共同の歴史的な使命についての配慮から互いに‐みずからを‐問いに‐立てる、たえまない動揺にほかならない。

このような合意は両民族の創造のすべての分野において、さまざまな道のうえで異なったテンポで遂行されなければならない。それは、両民族の日常的でもっとも単純な現存在の知識と評価を含んでいると同様に、両民族の深淵的な、直接にはたいてい言葉で表現することができない根本態度や根本情調の予感と把握を含んでいる。この根本態度と根本情調は、それぞれの民族の偉大な詩、造形芸術および本質的な思索（哲学）のうちで、その標準的な形態と、心を魅惑する力とを獲得する。

（…）

互いに凌駕しあい、しかも互いに入り組んでいる存在者の二つの領域が、自然と歴史である。人間自身はこれらの領域の対立抗争の場所であると同時に、その見張り役、その証人、そしてその形成者である。自然に関する近代的な知、とくに自然の技術的な制御と利用は、本質的にともに数学的な思考法によってもたらされた。根本的な意味において数学的であるような、そういった知の基礎を固め、またそういった知をあらかじめ手本として描いて見せた決定的な端緒はフランスの思想家デカルトに負うものである。ドイツ人のうちでもっともドイツ的な思想家の一人であるライプニッツは、彼の思想家としての仕事においてデカルトとの対決によってたえず導かれている。（…）しかしながら他方で、西洋の歴史の経過のなかで、ドイツ観念論の時代の詩人や思想家たちによって、はじめて歴史の本質に関する形而上学的な知が開拓された。[25]

――一九四二年　講義『ヘルダーリンの讃歌「追想」』

アメリカ主義のアングロ‐サクソン的世界が、ヨーロッパを、つまり故郷を、西洋的なるものの元初を、破壊しようと決心していることを、我々は知っている。[26]

――一九四三年　講義『ヘラクレイトス』第一部「西洋的思索の元初」

この惑星は炎に包まれている。人間の本質は継ぎ目から離れ去っている。もしドイツ人が「ドイツ的なもの〔das Deutsche〕」を見いだしかつ守るとすれば、世界史的な省察はドイツ人からのみ到来しうる。[27]

いくぶん長めに引用したが、これらのテクストや、あるいは同年代の似かよった宣言文――それらは数多く存在するが――を注意深く読解することではじめて、一九四五年の最終的なアピールの「政治」感覚（〈民族〉‐地政学的な感覚、さらには、あとでまた論じなければならないが、政治経済的な感覚）をめぐるあらゆる誤認を防ぐことができる。実際に、二重の誤認がありうる。第一の誤認とは、一九四五年の演説に見いだされるのがハイデガーの「日和見主義」と、彼の「豹変」の技法の何度目かの発現でしかない、と思いなす誤認である（それによれば、ハイデガーは東西両陣営の衝突を「予感」していて、また事実上（デ・ファクト）、西側陣営に属しており、すでにフランス人たちとも十分に良好な関係を築いていたので、即座に反コミュニズムという「イデオロギー的」な防壁のうちへと逃げ込んだというのである――だがハイデガーの反コミュニズムはずっと以前からのものであり、また他方で、フランス人たちはコミュニズムにかんしては少なくとも分裂状態であった）。また第二の誤認とは、三三年の政治参加を可能にし、三四年の「退去」の根拠にもなった

（25）「討議への道〔*Wege zur Aussprache*〕」。*GA* 12, p.16-18. 一九三七年にパリで開催された「国際デカルト会議」の責任者であったエミール・ブレイエに宛てた公開書簡。最終的にハイデガーは、この会議に出席することを拒否する（cf. R. Safranski, *op. cit*., p. 340 sq.〔ザフランスキー、前掲書、四七二頁以下〕）。このテクストのフランス語訳は二つ存在するが、ここでの引用は、基本的にＪ - Ｍ・ヴァイスとＬ・ヴァグナーの翻訳によるものである。『カイエ・ドゥ・レルヌ』叢書の『ハイデガー』（一九八三年、既出）に発表されている。第二の翻訳は、フランソワ・フェディエの労作『政治論集　一九三三―一九六六』に収められている（*Écrits politiques. 1933-1966*, Paris, Gallimard, 1995）。そこでのタイトルは、奇妙にも、「根底にもとづいて共同で対決するために〔Pour en venir à s'expliquer ensemble sur le fond〕」とパラフレーズされている。ここでもまた、おそらく、自然と歴史の関係の問いをめぐって、ルソーに一切の言及がなされていないことに気づかれるだろう……。

（26）*GA* 53, p. 68.（Cf. La conférence de 1943 : « Souvenir », *Approche...*, *op. cit.*）

「精神的国民主義(ナショナリズム)」――じつのところその国民精神主義――のうちに、ハイデガーのとりわけ鈍感な頑迷さだけを見てとるという誤認である。たしかに、これらの両方がありうる。しかしそれらは、本質的なことから程遠いところにある。あるいはむしろ、たしかに猫をかぶったような狡賢い用語法において思索されている事柄をまともに理解するためには、ハイデガーが一九三四年にヘルダーリンを(メシアとしてではないにせよ)預言者として選んだという事実から出発しなければならない。この預言者の使命とは、ドイツ人の歴史‐命運的(geschichtlich-geschicklich)現存在に課された使命であり――しかもそこから「我々は誰であるか」という執拗な問いが帰結する――つまりハイデガーが、以後、詩人によって告知された真理を述べるという責務を負った思索者としてみずから引き受けた、原‐政治的な使命であった。そしてこれが、実際に、国民精神主義なのである[28]。

だがそうこうするうちに、「世界戦争」の勃発も差し迫り、ニーチェの脱構築[29]と、次第に緻密さを増すヘルダーリンの読解とが遂行されていた時期になると、「我々」は、もち

(27) GA 55, p. 123. これら二つの〔前註と本註で参照されている〕宣言文を結び付けているのは、R・ザフランスキーである(*op. cit.*, p. 346-347. 前掲書、四八一頁)。しばしば(不正確にも)職人の用語を借りて「蝶番が外れた」「継ぎ目が外れた」と言われるが、こ

のようなメタファーは『総長就任演説』にも見られる。「けれども誰ひとりとして、我々が意志しようとしているかどうか、そのことを問おうとはしていません。西洋の精神的体力が力尽き、継ぎ目はくだけ、命脈の尽きた文化のかげは崩れおち、すべての力は混乱におちいり、狂気のうちで息もたえようとしているのに、問おうとはしないのです。／こうした事態が生起するかしないかは、ただひとつ、我々が歴史的‐精神的民族として我々自身をなおも、かつふたたび意志するかどうか、さらにはもはや意志しないのかどうかにかかっているのです。いずれの個人もそれについて、ともに決断するのです。たとえ、その個人がこの決断を回避したとしても、むしろそのときこそ、まさにそのとき、共同的に決断しているのです」（trad. G. Granel, Mauvezin, TER, 1982, p. 42-43, 44-45 ; *GA* 16, p. 116-117）。全般的にいえば、ハイデガーは「継ぎ目」をめぐる語彙（fugen, fügen, Fuge, Unfug 等々）をきわめて頻繁に用いている。J・デリダがそのマルクス解釈（*Spectres de Marx*, Paris, Galilée, 1993）において読みなおし、そして書きなおした『ハムレット』の名高い警句「時間のたがが外れている〔The time is out of joint〕」との共鳴がここにあるとは、ほとんど考えられない。むしろ、きわめて数多くの亡霊が、復讐を誓いながらハイデガーのテクストに「憑きまとっている」のである（cf. *Introduction à la métaphysique*, *op. cit.*, p. 48-49 ; *GA* 40, p. 41. R. Safranski, *op. cit.*, p. 306〔ザフランスキー、前掲書、四二五頁〕）。「精霊〔esprits / Geister〕」ではないにせよ、「精神〔esprit / Geist〕」がハイデガーのテクストのいたるところに存在するという事実は、ここで喚起しておくまでもない（Cf. J. Derrida, *De l'esprit. Heidegger et la question*, Paris, Galilée, 1988）。

ろんニーチェのいう意味での「我々」（「我々、良きヨーロッパ人」）ではないのだが、ヘルダーリン的な「西洋」もしくは「夕暮れの国（ヘスペリア）」の「我々」と呼びうるものへと変化してゆく。それはたしかにギリシア‐ドイツ的な「我々」ではあるが、しかしまた、古代〈王制〉から革命的〈共和制〉へと到る神学政治的な〈歴史〉における命運をになった「我々」なのである。ここから、ハイデガーの講解説教の結論部におけるアピールが導き出される。そのアピールは、ヘルダーリンが「我々において」と言うときの「我々」とは誰か、という冒頭の問いに応答するものであり、いかなる歴史的な決定にも到達しえない諸々の「イデオロギー」戦争が引き起こした荒廃の彼方における――なぜなら「イデオロギー」戦争は、敵対しあう諸陣営の知らないところで、隠された「精神的決定」によって重層規定されているのだから――ヨーロッパ諸民族の自己省察と対話に向けての、アピールなのである（ヨーロッパ諸民族にはスラヴ諸民族も含まれる、というのも彼らはギリシア人であって、つまるところ……、ドイツ人だからである）。諸民族の自己省察と対話は、当然のことながら、ドイツ人の「統率」ないし「指揮」のもとでおこなわれる。というのも、ドイツ人なしでは〈歴史〉についてのいかなる思索もない（あるいは〈歴史〉そのものさえもない）という事実、また、そうした〈歴史〉において「本質のうちで交互に呼び覚ましあう」「順番」が、いまやドイツ人に回ってきているという事実は、揺るがしえないものだからである。

「宗教について」

「精神たちのコミュニズム」への秘められた、「暗号（クリプト）化された」参照の理由が部分的にであれ確認されたとして、ではなぜハイデガーが、この状況にあわせて選択した言（ことば）を鳴り響かせるべく、もうひとつのテクストに訴えかける必要があったのかを理解せねばならない。その

（28）ハイデガーの「詩論」の根底によこたわる原 - 政治については、『ハイデガー　詩の政治』（*Heidegger. La politique du poème*, Paris, Galilée, 2002. 西山達也訳、藤原書店、二〇〇三年）を参照していただきたい。ここで「国民精神主義」と呼ばれているものは、私が以前に「国民美学主義」と呼んだものの分身をなしている——とはいえ両者はけっして排除しあうわけではない（*La Fiction du politique*, Paris, Bourgois, 1988.『政治という虚構』浅利誠・大谷尚文訳、藤原書店、一九九二年）。

（29）一九三六—三七年、三七年、三八—三九年、三九年、四〇年、四一—四二年の講義。

テクストとは、これまたヘルダーリンの主要な校訂者たちから「疑問資料」とみなされ、一般に慎重を期して「[宗教について]」という括弧つきの題名を与えられているテクストである。

第一の理由、つまりハイデガーが明示的に依拠している理由は、(ほとんど)すぐさまに看取される。それは少なくともハイデガーがヘルダーリンのテクストから引き出してくるいくつかの命題にもとづいている。[30] すなわち、「精神」の概念の権威のもとに、近代人たちの「機械論」と主体性をめぐる存在論的な基本テーゼを問いにふすこと。また、スブイェクトゥムないしヒュポケイメノンと称する「自己自身のみ」の人間と「諸対象」とのあいだの、デカルト主義によって確立された関係を問いにふすこと。しかし明記しておかねばならないのだが、ハイデガーは、ヘルダーリンのテクストにおいて「精神」と呼ばれているものが、すぐさま「ひとりの神」と並置され、両者が無媒介に同一視されていることについて、一瞬たりとも注意を向けていない。とはいえ、『哲学への寄与』の執筆を始めたときから(もしかすると一九三四年の講義『ヘルダーリンの讃歌「ゲルマニア」と「ライン」』以降)、ハイデガーは「到来する神」(「パンと葡萄酒」の第一稿における der kommende Gott〔来たるべき神〕)あるいは「最後の神」(der letzte Gott)へと訴えつづけ、これらが後年の、不幸なまでに有名な「ただひとりの神が我々を救いうる」を予告するものであったのも事実である。〔一九四五年という〕この日付においては、慎み深さを――あるいは「冷醒」[*10]を――保つべきだったということだろうか。しかしそこに「神」を聴き取る、あるいは読み取ることを妨げるものは何もない……。

第二の理由――それこそが真の理由なのだが――は、ハイデガーが、まさしく彼の論証と呼ぶべきもののうちで展開している理由である。この理由は、こんどは、ヘルダーリンのテクストのなかで用いられている「必要に縛られた状態（Notdurft）」という語と関係している。人間が「機械的な進行（Maschinengang）以上のものが存在するということ」を経験（erfahren）できるようにするもの、それは人間が「みずからを取り巻くもの」とのあいだに保持する、「より生き生きした（…）、必要に縛られた状態を超えた関係」である。ここで争点になっているのは、ルター以来のドイツ的パトスのキーワードともいうべき、

（30）ヘルダーリンのテクスト（少なくとも残存している部分）は、以下において翻訳されている。*Œuvres, op. cit.*, p. 645 sq. ; *StA* 4-1, p. 275 sq.

die Not すなわち「困窮」（苦痛、貧窮、不幸、苦悩、悲嘆、遺棄、等々）……、そして「緊急性」（そこに「絶望的な状況」という含意を込めるならば）である。しかしそれは、まずは、たとえば「困窮している人々〔nécessiteux〕」と言うときの意味においての、つまり語のもっとも平凡な意味でのエコノミー〔経済・節約〕に関わる、必要性〔nécessité〕である。欲求、赤貧、窮乏、欠乏、貧困、さらには飢饉。要するに、キリスト教的な愛徳・慈善（シャリテ）がその対象とするものという意味での貧しさである。だがそれだけではなく、政治経済学が、その「科学的」な創設以来（重商主義、重農主義、重金主義、等々）、まったく別の意図のもとで「貧しさ」という語を把握してきた。すなわち政治経済学がもっぱら関心を寄せるところの富、[31] つまり der Reichtum〔富〕の概念に対する不可欠な反意語としての「貧しさ」である。「富」は、それ自体、インド＝ヨーロッパ系のあらゆる言語において、まさしく力（ピュイッサンス）と至高なる主権を意味している（*rājā, rex, rīki, rix, rich, riche,… reich あるいは Reich[*11]〔帝国（ライヒ）〕）。しかしそれは力量、権威づけ、欲望、力、つまり die Macht〔力〕としての権勢、もしくは権力ではけっしてない。このような力〔Macht〕を、エロスのきわめて遠い対応物としての意志なるものへと結びつけることで、ハイデガーは手短にではあるが次のことを喚起している。すなわち可能なものとしての最後の形而上学は、現実において技術による世界支配の可能性を開き示す場合も、あるいはその意に反して、より平凡な（卑俗な）仕方で、ファシズムの「イデオロギー」（「クラーゲスによるニーチェ解釈」）へと道を開かない場合も、いずれにせよ存在を——あるいは精神を——力〔Macht〕として思考しているつもりになっていた。この両方の場合を、ハイデガーは全精力を傾けて糾弾する。だがそうはいっても、彼の「政治的存在論」を問題視することはつねに可能である。彼自身による否認に従わねばならないわけでもないし、その否認は禁止として作用しうるものでもない。しかしさらにまた、かつてデリダが述べたように、「市場を越えて＝おまけに[*12]〔par-dessus le marché〕」「経済的存在論」があるということを、あるいはお望みとあれば「〈精神〉の政治経済学」があるということを、講解説教は、あけすけに指摘しているのである。

しかしいったい何がこのような読みを可能にするのか。

端的に言えば、またもや「［宗教について］」というテクストが、こうした読みを可能にしている。この書簡体の（ここでもシュレーゲル兄弟が意識されている……）長大な草案は、これまた『イドゥーナ』誌で発表するために書かれた未完成の草稿で[(32)]、実際に一、二

（31）政治経済、すなわちハイデガーが執拗に要請した言語でいえば、die Nationalökonomie〔国民経済〕。これはどう考えても偶然の一致ではない。

枚の用紙が削除されているのだが、そうでなくてもやはり欠落のある草案である。ここでは、草案から――部分的に――二つの箇所を引用するにとどめたい。

第一の箇所は、人間の制作術的〔poïétique〕な実存についての、あるいはこう言った方がよければ、精神的な「生産様式」についての、あらゆる観点から経済的と呼びうる分析の素描を提示している。そこでは数々の優等（劣等）比較級が、あらゆる比較から切り離されていわば絶対化されて用いられており、これらのうちですでに逆説的論理がかいま見られる。まさにこの論理こそ、弁証法の彼方において、あるいは弁証法を宙吊りにしつつ、悲劇的なものの本質についての解釈を支配する論理である。(33)

君は僕にこう尋ねる。たとえ人間たちが、その本性にしたがって、必要を超え、その世界とより多様で、より親密な関係を結び、そのうちにあろうとも、たとえ彼らが自然的かつ道徳的な必要に縛られた状態を超え出て、よりいっそう人間的に高次の生をいとなむようになり、そうして、機械的な連関以上のより高次の連関が、すなわちより高次の命運が、人間たちとその世界とのあいだに出来するようになったとしても、またたとえ、実際、この高次の連関が――そこでは人間たちは、自分自身とその世界、そして自分たちが所有しているものと、自分たちがそれであるところのもの、これら一切が合一されていると感ずることができるがゆえに――彼らにとってもっとも神聖

(32) このことはハイデガーがついでながらに引きあいに出している最後のテクスト、「[省察]」についてもあてはまる。ハイデガーはそこで、ビューヒナーからツェラーンに到るまでのドイツ文学の伝統全体にとっての主導旋律にもなりうる、有名な一文を暗示している。「ひとは深みへと落ちるのと同様に、高みへと落ちることもできるのである」(*Œuvres, op. cit.*, p. 605 ; *StA* 4-1, p. 233)。

(33) 対立しあうもの、あるいは正反対のもののあいだにかぎりない自同性が確立される――つまり確立されないということだが――ということの「逆説法」を、「誇張法=双曲線の論理〔hyperbologique〕」と呼んだことがある。統辞法の形式において言えば、遠ざかればそれだけ近づく、ということだ(ハイデガーにおける Ent-fernung つまり(脱)遠隔化〔é-loignement〕という形象)。あるいは、非固有になればなるほど固有になる、等々(« La césure du spéculatif » in *L'Imitation des modernes*.「思弁的なものの休止」『近代人の模倣』大西雅一郎訳、みすず書房、二〇〇三年所収、および *Métaphrasis* suivi de *Le théâtre de Hölderlin*, Paris, PUF, 1998.『メタフラシス』高橋透・吉田はるみ訳、未來社、二〇〇三年を参照)。また、ここで明記しておきたいのだが、『リトレ辞典』によれば、「収入が不明であり、通常はほとんど無収入に等しいにもかかわらず、しかし安楽に暮らしている一部の人間」の存在を、比喩的な意味で、「逆説的〔paradoxal〕」と言う、とのことである。

なものであるということになったとしても、なぜ人間たちは、自己とその世界との連関を、まさに表象しなければならないのか。なぜ人間たちは、厳密にみればまさに思考することも感覚の対象にすることもできないみずからの命運について、理念や形象をつくらねばならないのか。

このように君は僕に尋ねる。それに対して僕はただ次のように答えることができるのみだ。すなわち（…）適正に着手しさえすれば、人間には、その固有のあらゆる領域において、必要に縛られた生以上の生、より高次の生、それゆえ必要に縛られた充足以上の充足、より無限な充足が存在する。あらゆる充足が現実的な生の瞬間的な停止であるように、そうしたより無限な充足もまた停止させられているのだが、ただそこには次のような大きな違いがある。すなわち、必要に縛られた充足にはある否定的なものが続く――たとえば通常、動物は満腹すると眠ってしまう――、ところが、より無限な充足にもたしかに現実の生の停止が続くのではあるが、こちらの生は精神において生じるのであり、人間の力は、彼に充足を与えた現実の生を精神において反復するのである。これに固有の完全性と不完全性が、彼をふたたび現実の生へと駆り立てるまで。いうなれば、あのより無限な、必要に縛られた連関以上の連関、人間がそのエレメントにおいて経験するあのより高次の命運はまた、人間によってより無限に感じられるのであり、それは彼をより無限に充足させ、その充足から精神的な生が生じ、そこにおいて彼はいわばその現実の生を反復するのである。(34)

次に、第二の箇所は、ハイデガーが引用している箇所のすぐあとの一節であり、そこでは「欲求を超えた」関係もしくは関連という表現によって何を理解すべきかがはっきり述べられている。すなわち、ある種の政治神学が政治経済学のあとを引き継いでいるのである――だがハイデガーは、ここではとりわけ、政治神学に少しでも言及しないよう十分に警戒している。とはいえ政治の権威のもとで経済と神学とが何らかの関係をもつとしても、それは最終的にはほとんど驚くべきことではない。救済の経済――それはもしかすると経済そのものでさえあるのかもしれない――があり、そしてこの経済が真に機能するのは、おそらく「神の国」においてのみであろう。そのうえハイデガーは、実際のところ、「庇護」、「保護」、「保管」、「あらゆる効用から逃れるもの」等々――つまり名指してはいないが、聖なるも

(34) *Œuvres, op. cit.*, p. 645-646 ; *StA* 4-1, p. 275-276.

の――に固執することで、もちろんヘルダーリンを十分に読み込みながら、経済と神学の関係を結びなおしているのである。そして彼がことさらに経済を神学へと結び付けないとすれば、それは必要を転じること〔Not-wendigkeit〕、「必然性の転換」、そして「自由なもの」の開け、つまり貧しさから豊かさへの「逆転」によって、彼が、ほぼ同時期にバタイユが（純粋な蕩尽の）「一般経済」と呼んだもの――それは「限定経済」と対置される――の基礎を据えようと試みているからである。(35) それはじつのところ非弁証法的な経済であり、

(35)『無神学大全』（一九四三―四五年）の少しのちに刊行された『呪われた部分』（一九四七―四九年）――複数の論文によって準備されていた――において、この「エコノミー」が叙述されている（cf. J. Derrida, « Un hégélianisme sans réserve » in *L'Écriture et la différence*, Paris, Le Seuil, 1967.「留保なきヘーゲル主義」『エクリチュールと差異』若桑毅ほか訳、法政大学出版局、一九七七年）。

アナ・サマルジャはきわめて詳細にハイデガーの操作を分析している。彼女は、反転ないし「転向」のプロセス全体を基礎づけている重要命題を抜き出しつつ、いかにしてハイデガーが、結局のところ、貧しさを「持つこと」のカテゴリーから定義することを拒んだか、そして「欠くこと」のカテゴリーのみを保持しているかを示した。「真に貧しく〈ある〉こととは、すなわち我々が、不必要なものを除いては何も欠いていないという仕方で〈存在する〉ことを言う」。サマルジャによれば、反転は、「第一に、ハイデ

ガーが欠如に対して付与する意味によって可能になる。それから、第二段階の定義が挿入されたあとでは、貧しく〈ある〉ことが意味するのは、不要なものに所持されるということ、あるいは所有されるということ、という意味になる。つまり「我々の本質が、ひとえに、我々に欠けているものに依存している」という仕方で存在することを意味するようになる。そして第三段階の定義、不必要なものの定義において、反転の賭金をかいま見ることができる。「不必要なものとは、必要から到来するのではないもの、すなわち強制からではなく、自由な開かれから到来するものである」。貧しく〈ある〉ことが意味するのは、いまや、「あるとき、自由な開かれにして自由にするものに所持されること。言い換えれば、自由にするものとの関係のうちにあること」である。最後の第四段階への移行は、二つの定義によってなされる。まず、「『自由にする』とは、根源的かつ本来的には、保護することを通じて、あるものをその固有の本質のうちに安らわせることである。だが、保護することとは、本質を庇護のうちに保持することである」。そして次に、「まさしく〈存在〉こそが、あらゆる存在者を、そのつどいつも、存在者がそうであるところのもの〔was〕として、またそのようにあるもの〔wie〕として、存在させているのであり、それゆえに、すべてのものをその本質のうちへと安らわせ、それらをいたわるところの、自由にするものなのである」。この漸層法の結果は、次のとおりである。「人間の本質が、とりわけ、自由にする〈存在〉と人間との関係のうちにある、つまり人間存在が不必要なものを欠くならば、人間は本来的な意味で貧しくなる」(*loc. cit.*, p. 35-36)。ハイデガーがどれほどまでにヘルダーリンの「経済的」なテーゼを存在論の語彙でパラフレーズしているかがお分かりいただけたであろう。

ヘーゲルの言うように、そこで否定的なものがまさしく存在へと「転換」する以上、いかなる存在者も産み出すことがない、そのような「経済」である。すなわち「否定的なものの力（ピュイッサンス）」を持たない、あるいはそれを欠いた「経済」（非経済（アネコノミー））。

だが、急いてはことを仕損じる。ヘルダーリンが長々と説明しているように、単なる「思考」も、あるいは「記憶」も、人間とその「エレメント」とのあいだの「より高次の、より無限な連関」を「反復」することはできない。[*13]「精神」のみが、つまり「神」のみが、それをなしうるのだ。このことを、古代人たちと、今日の「我々にはほとんど欠落している」彼ら〈古代人〉の「より高次の啓蒙」[*14]は予感していた。したがって、ヘルダーリンはここまでの推論を繰り返しながら、論の展開なしに次のような言明へと飛躍することができた。

各人は、みずからがそのなかで活動し、それを経験する、独自の領域をもつかぎり、みずからに固有の神をもつであろうし、また複数の人間は、彼らが人間的に、すなわち必要性を超えて活動し、苦悩する、共同の領域をもつかぎり、そのかぎりにおいてのみ、共同の神性をもつ。あらゆる人間が同時に生き、必要に縛られた関係よりも以上の関係のなかで自己を感じる、そのような領域が存在するならば、そのとき、しかしそのかぎりにおいてのみ、彼らすべてが共同の神性をもつのである。[36]

　このようにして「宗教」が創設される。もっとあとでヘルダーリンは、「続稿のための覚書」と欄外にしるされた展開部では、「宗教的な諸関係をその表象において」知性的（論理的）ないし歴史的に把握することができるという見解に異議を唱えることで——というのもそのような把握は「機械的な進行」の、それ自体機械的な反復にすぎないのだから——、「制作術的な経済」にではなく詩的な関心へと立ち戻る。そして彼は宗教的な諸関係を「神話的」と形容し、みずからが数年後に諸関係の表出ないし描写（Darstellung）の「計算」と呼ぶことになるもの[*15]を素描しようと企てる。ヘルダーリンは次のように書きしるしている。

　かくしてあらゆる宗教は、その本質からみて、詩的であるということになるだろう。

（36）*Op. cit.*, p. 648 ; *StA* 4-1, p. 278.

ここではさらに、複数の宗教がひとつの宗教に合一されるということについて語ることができる。そこでは、各人がみずからの神を敬い、あらゆる人が共同の神を詩的な表象において敬うのである。またそこでは、各人がみずからのより高次の生を祝い、あらゆる人がより高次の共同の生を、生の祝いを神話的に祝うのである。(37)

この時期にヘルダーリンが、このようなかたちで「精神たちのコミュニズム」の可能性を検討していたことは間違いなかろう。おそらく革命祭——それ自体ルソーからの着想である——をモデルにしているということは十分にありうる。だがロベスピエールによって一七九四年に創始された最高存在(ens supremum)の崇拝は、その名が示唆するように、そもそも形而上学的な崇拝であった。また、旬日の公民祭[*16]はあまりにローマ的であった。これらの祭りのなかでもっとも有名で、もっとも記念すべきものは、ダヴィッドの制作演出による祭典であり、そこでは〈理性〉女神のパレードが催された。[*17] これに対してヘルダーリンは——ルソーもそうであったが——より「ギリシア的」であった。ヘルダーリンは「精神というものをまったく別の仕方で考えている」というハイデガーの見解は間違ってはいないのである。「詩的宗教」は、いずれにせよ、理性的なものでも、単に記念行為にかかわる（歴史的な）ものでもない。それは神話的かつ共同的、すなわち共同的であるがゆえに神話的、かつ神話的であるがゆえに共同的なのだ。そしてもしこの宗教がモデルをもたないとすれば、ほかのどこにもまして、急進的な敬虔主義からモデルを探してこなければならない。もちろんその際、「古代風」ないし「ギリシア風」の配置転換を経由することは避けられない。近代共和制の「プロテスタンティズムによる序幕」としての「万

（37） *Ibid.*, p. 650 ; *StA* 4-1, p. 281. ヒューペリオンからベラルミーンに宛てられた最後から二番目の書簡（既出）を思い浮かべないことは困難である。しかも今回は、きわめてルソー主義的な語調が伴っている。「おおベラルミーンよ。民族全体が美を愛し、その民族の芸術家たちに宿る精霊を敬うところでは、ひとつの普遍的な精神が生気のように吹きわたり、物怖じする心も開け、慢心は消え、あらゆる魂は敬虔で偉大なものとなり、感激が英雄を生み出す。こういう民族のもとこそ、万人の故郷であり、異郷の旅人もよろこんでそこに足をとめるだろう。だが、神々しい自然とその芸術家たちがこれほど侮辱されるところでは、生の最上の喜びは失せて、他のどんな星も地球よりましなものになってしまうのだ。そこでは、さすがに美しく生まれついた人たちも、いよいよひからびて、荒廃してしまう。奴隷根性が頭をもたげ、それにつれて蛮風が、不安につれて陶酔がはびこり、奢侈とともに飢えと食料の不足が増大して、年々の恵みは呪いに変わり、神々は逃げ去るのだ」（*op. cit.*, p. 270. ; *StA* 3, p. 156）。

人司祭」は、神話的崇拝の「万人詩人」へと置き換えられる。「詩は万人によって作られる」[*18]。
とはいえ、ヘルダーリンはハイデガーが理解していた意味において〈存在（Seyn）〉を考えていたのだろうか。おそらく、彼は〈存在〉を思索するきっかけを提示しているとは言えるだろう。

もちろんハイデガーはそのものとしては言明していないが、ここにはきわめて単純な理由がある。思弁的観念論の深化において彼が果たした役割にもかかわらず――ヘーゲルとの密接な関係がもたれていたいわゆる「フランクフルト期」（一七九六―九八年）においても――、ヘルダーリンは、（すでに）**存在‐論**、つまり弁証法の用語においては、もはや思考していなかった。彼の思考を支配していた「論理」は、それが厳密な意味での論理とは言えないとしても、先に指摘したように、（すでに）**悲劇的な逆説法**の論理であった。ハイデガーが注釈している「箴言」は、この謎めいた拘束に従っている。その箴言は、要するに、貧しくなればなるほど豊かになると述べており、ハイデガーはこのことを申し分なくあきらかにしている。しかも彼は、この「論理」が後期ヘルダーリンにおいてどれほどまでに支配的であったかを熟知していた。たとえ、この論理をめぐって突き当たらざるをえない困難に、ハイデガーが気づいていたとしてもである。[38] たとえば、ハイデガーは――

しばしばそうするように——、ヘルダーリンが「作品の計算」に役立たせるべく本来は詩論の概念として用いた「基底調音[39]（Grundton）」の概念を借用しつつ、ある種の忠実さを保ちながら、この概念を歴史的（ゲシヒトリッヒ）な現存在もしくは「諸民族の固有の本質」の規定へと適用している。ここで彼は、あたかもそうするのが自明であるかのように「哀しみつつの歓

（38）「追想」についての講演での、「パンと葡萄酒」の最終連の最終稿をめぐる注釈においても、事情は同じである。そこでハイデガーは、「けだし精神が住処にいるのは／原初においてではなく、源泉のもとにではない。故郷は精神を消耗させる。／精神は植民地を愛し、そして敢然と忘却を愛す」という詩行を引用しつつ、次のように注記している。「この詩句のうちに詩作された歴史性の法が、どれほどまでにドイツ絶対形而上学の無制約的な主観性という原理から、導かれるというのか。ヘーゲルとシェリングの説くところによれば、精神の〈自己‐自身の‐もとに‐あること〉がまずは自己自身への還帰を、そして還帰がふたたび〈自己自身の‐外に‐あること〉をあらかじめ要求している。また、「歴史学的に正確な」諸関連が見いだされるとしても、そのような形而上学への指示が、どれほどまでに詩作的な法を明らかにしたり、あるいはむしろ曖昧にしているのか。こうしたことは、熟考にのみ委ねられるべきであろう」（*Approche...*, *op. cit.*, p. 114 ; *GA* 4, p. 90）。

（39）論考の草案「音調の転換」を参照（*Œuvres*, *op. cit.*, p. 639 sq. ; *StA* 4-1, p. 238 sq.）。

喜」に言及するが、実際は、「哀しみつつの歓喜」とは、〔一九三四―三五年の〕『ゲルマニア』講義の後半（第二章）全体を信じるならば、ドイツ人にのみ固有のものとされているのである（第一一節）。そのようなわけで、今回〔「貧しさ」において〕は欺瞞的な語調を伴わざるをえないのだが、ハイデガーは純粋な撞着語法（オクシモロン）に訴える。

> 貧しさは、西洋の諸民族とその命運のいまだ隠されている本質の基底調音である。貧しさは、けっして十分には貧しいものとして〈存在〉しないという、哀しみつつの歓喜である。この静寂な不安のうちに、貧しさの委ねられてあること〔Gelassenheit〕が安らっている。委ねられてあることは、すべての必要に迫られたものを平然と耐え抜く〔verwinden〕のである。

ところが実際には、ここでハイデガーがあまりに明白なかたちで示唆しているのは、まさしく「ソフォクレス」と題されたヘルダーリンの二行詩なのである。

> 多くの者たちが　このうえなく喜ばしきことを喜ばしく言わんと　むなしく試みた、
> 今ようやくそれは、この哀しみにおいて表されるところとなった。(40)*19

つまりここで示唆されていたのは、ルネ・シャールが言っていたような「引き攣った平静さ」[*20]ではなく、悲劇的な平静さそのもの（哀悼劇〔Trauer-spiel〕の平静さ）であり、つまり神の（脱）遠隔化〔l'é-loignement〕という崇高な感情のうちに、したがって聖なるものを迎え入れることのうちに、そして〈存在（Seyn）〉の経験のうちに、みずからの「より高次の充足」を見いだす平静さである。それはまた、結局は同じことだが、危険（Gefahr）の経‐験（Er- fahrung）――危険を‐横断すること[*21]〔ex-periri〕それ自体――のうちに見いだされる平静さである。というのも、そのような危険の経験のうちにこそ、救済が秘められているからである。この点にはこだわりたいのだが、救済はまさに「約束」であった[(41)]。ハイデガーは、この日付において――何度でも強調しておかなければならないが――、ヘルダーリンのテクストから当然読み取ることができたであろう神に呼びかけるのではなく、ただ「精神」にのみ呼びかけた。たしかにハイデガーの「論理」においては、おそらく、そもそも呼び声というものは沈黙したものとしてのみあったのだろう。しかし「来たるべき

（40）ハイデガーはこの「碑詩（エピグラム）」――ハイデガーはそう呼んでいる――を『ゲルマニア』講義の第一一節Fで引用している（*op. cit.*, p. 140-141 ; *GA* 39, p. 148）。

神」、「最後の神」は、いまだに顕現していなかった。もしかすると顕現するということのない神が問題であったのかもしれない。以後、いかなる神の顕現（テオファニー）も不可能となったのかもしれない。けっして現れることのない退去した神——アレーテイア〔真理〕の核心にあるレーテー〔忘却・隠蔽の女神〕のように、みずからを秘め隠す〈存在〉の退去そのものの神。「隠れたる神」と言ってしまえばそれまでだが。この点については、テクストのこの箇所における第二の暗示——第一の暗示に劣らず明白なものだが——が、パスカルへの、しかも『パンセ』の自然に関するもっとも有名な断章への暗示だという事実は、かならずしも不可解なものではないが、おそらく驚くべきことであろう。パスカルによれば、自然とは〔彼は当初「恐るべき」自然と書きしるしていた〕「無限の球体であり、その中心はいたるところにあり、円周はどこにもない」(42)*22。（ヘルダーリンが用いている concentriren〔集中させ

（41）救済の約束とは、少なくともハイデガーにとっては、神の約束である（ヘルダーリンにとっては、後期においては、おそらくまったく事情が異なっている。彼における悲劇的なものの経験は、ハイデガーのそれと同じ性質のものではけっしてない）。『哲学への寄与』において、ハイデガーは「〈存在〉が神化する〔das Seyn göttert〕」あるいは「〈存在〉の神化〔das Göttern des Seyns〕」——これらの語句は厳密にいって翻訳不可能である——と述べている。一九四五年の講解説教で、彼は「神」に言及することを注意深く

回避しているが、一年後の『ヒューマニズム書簡』では、ためらうことなく神に言及している。だがその仕方は、あきらかにより冷静であり、また「問題含み」である——だがまた、あからさまに、より「政治的」でもある。「この［存在への］近さのうちで、次のことに関する決定が、およそなされるのである。神と神々はみずからを拒み、そして夜がとどまるのか、そしてそれはいかにしてなのか。聖なるものの陽は明けはじめるのか、そしてそれはいかにしてなのか。この聖なるものの夜明けのうちで、神と神々との出現は新たに始まりうるのか、そしてそれはいかにしてなのか。しかし、聖なるものとはただ神性（Gottheit）の本質空間にすぎず、その神性とはただ神と神々のために次元を与えるものであるに過ぎないのであるが、その聖なるものが現われのうちへと到来するのは、ただ、あらかじめ長い準備のうちで存在それ自体がそれ自体を開き、そして存在の真理において経験されたときだけなのである。このようにしてのみ、存在から発して、そのうちで人びとが彷徨するのみならず人間の本質そのものが彷徨するところの、故郷喪失性（Heimatlosigkeit）の超克（Überwindung）が始まるのである」（trad. R. Munier, Paris, Aubier, 1964, p. 98-99 ; *GA* 9, p. 338-339）。

（42）この「メタファー」については、ボルヘスのテクスト『異端審問』に収められた「パスカルの球体」を再読せねばならない（*Enquêtes*, trad. P. et S. Bénichou, Paris, Gallimard, 1957, p. 16-17.『異端審問』中村健二訳、晶文社、一九八二年、一五—一九頁）。ボルヘスはコロフォンのクセノファネスや『ティマイオス』、ヘルメス文書〔*Corpus hermeticum*〕、アラン・ド・リール、ジョルダーノ・ブルーノにまで遡ってみせるのだが、彼によれば「おそらく世界史とは、いくつかのメタファーの［さまざまな抑揚の］歴史でしかない」。

る〕という「フランス語」だけでも、パスカルとの関連を正当化するのに十分である。あとは Centrum〔中心〕というフランス‐ラテン語を Mitte〔中央〕というドイツ語に置き換え、「自然」を「精神」に、つまり「〈存在〉への関係」に置き換えるだけでよい。近代人の形而上学がそのうえに築き上げられた物理学的‐数学的な地盤から脱け出すための一歩は、「自由に」踏み出される。）

ヘルダーリンの箴言は、「我々においては、すべてが精神的なものに集中する」と言っている。いまやこれが意味しているのは、ある集中が、つまり〈存在〉と我々の本質との関係にもとづく結集が生じる、ということである。この関係は、中央（Centrum）もしくは中心（Mitte）であって、その中心は、ひとつの円の中心として、いたるところにあり、かつその円周はどこにもない。

必然の国から自由の国へ

これまでの解釈で、ハイデガーのテクストがほぼ解読できたとして、それでも最後の問いが残されていることに変わりはない。その問いとは次のようなものである。すなわちこれらすべてのうちで、正確なところ、いったい何が「政治的」なのだろうか。

まず間違いないのは、ハイデガーが、それまでつねにドイツのみについて言及してきたことを、この日付において、この状況下で、昔ながらのヨーロッパ西洋、あるいは婉曲的にいえば、彼自身がずいぶんと軽視してきた「世界市民主義」のヨーロッパ西洋へと移し替えたということであって、その例はすでに先ほど確認したとおりである。戦略的な後退はあまりに見え透いていて、そのナイーヴさは落胆を誘うほどである。それは実際に嘆かわしいものであるが、これ以後、ハイデガーはこの地点にあくまで固執しつづける。彼は、いうなれば、西洋というこのポジション、このテーゼに固執したのである。それはひとつのテーゼ(ハイデガーはこの語を形而上学的なものと見なすことを教えたが、そのような意味での定立（テーゼ））であるとともに、それ以前に、民族、言語、創設的な詩、等々の定立（テーゼ）である。また同様に、しかし反対に、これまた間違いようのないことなのだが、我々は、ハイデガーがヘルダーリンとの独占的な対話において、そしてニーチェとの容赦ない対決において、すべてを台無しにしてしまうインド＝ヨーロッパ的な「三機能図式」からどれほどまで自由でありえたかを、見極めねばならない。この「三機能図式」は、「身分制」をめぐるファシズム的な「イデオロギー」を支配していたものであるし、一九三三年の「総長就任演説」の基礎になっていたものでもある（そのなかでは労働、軍事、知が三つの「奉仕」とされていた）。その三年後の講演においても、詩人、思索者、国家の創設者が〈歴史〉の「創造者たち」として規定されていた。[43] そして最後に、これも間違いようのないことなのだが、「ロシア・コミュニズム」のみならず、ハイデガーが「粗雑な唯物論」と呼ぶもの、つまり彼がこのうえなく痛烈に批判した「生物学主義」と競合するものに関する彼の炯眼は認めなければならない。ハイデガーが「粗雑な唯物論」はコミュニズムの単なる「表層」でしかないと述べるとき、ここで念頭におかれているのがマルクス主義の「科学的」解釈、とりわけ（それだけというわけではないが）「ソヴィエト的」な解釈、たとえば「弁証法的唯物論」もしくはDIAMATだということは確実である。もちろん、こうしたものはマルクスには見いだされず、エンゲルスにさえも見いだされない[44]。ハイデガーは、ヘルダーリンが「精神をまったく別の仕方で考えていた」のと同様に、マルクスの思想も単なる唯物論とはまったく別のものであったことを十分に承知していた。コミュニズムの背後には（マルクスによって、たいていの場合は論争的な仕方で要請された「唯物論」の背後には）、ベーメからソロヴィヨフへと到る、ドイツ起源のロシア的な「精神性」があるというだけではない——さすがに「保守革命」におけるもっとも重要な思想家であるドストエフスキーが名指されているわけではないが。ハイデガーは「精神的な何かがある」とは言うものの、外見上、これについて厳密には、いかなる詳細も語っていない。

しかしこの「精神的な何か」を指し示す目印は、二つ与えられている。

第一の目印は、ほとんど気にもとまらないほど目立たないものであるが、「コミュニズ

(43)『ヘルダーリンの讃歌「ゲルマニア」と「ライン」』についての講義、『形而上学入門』、さらには「芸術作品の起源」の最終版におけるアレーテイアをめぐる五つのテーゼを参照（*Chemins..., op. cit.*, p. 69 ; *GA* 4, p. 49)。

(44) この点にかんしては、エティエンヌ・バリバールのきわめて啓発的な書、『マルクスの哲学』を参照のこと（*La philosophie de Marx*, Paris, La Découverte, 1993, p. 4)。

ム」という語にかかわっている。この語がソヴィエト──ソヴィエト社会主義共和国連邦〔URSS〕──という現実を指し示しているかぎり、さらには〈党〉のさまざまな国際組織を指し示すものであるかぎり、ハイデガーはそれが「過剰」ないし「誇張」(ungemäß)とは言わないまでも、「不適切」で「不当」なものであると言う。ハイデガーは、Communismusというフランス語(ラテン語)の背後に、ドイツ語のgemein〔共通の・普通の・凡俗な〕をめぐる語彙、つまりGemeinschaft〔共同体〕、Gemeinheit〔卑俗さ〕、あるいはGemeinsamkeit〔共同性〕といった語彙の響き合いをしっかりと聴き取っている。ちなみに、ずっとのちにハイデガーは、einsam(孤独な)という語について注釈しながら、それが古ゴート語のsamaから派生した語であり、この語はインド・ヨーロッパ語根の*sem、つまり「一」に由来することを指摘している。(45) ここからはフランス語の「模擬〔simulation〕」、「ともに〔ensemble〕」(あること)」、「類似〔semblance〕」、「誠実さ〔sincérité〕」、「単純さ〔simplicité〕」、「単独性〔singularité〕」などが由来する。いずれにせよGemeinschaft〔共同体〕という語は、ハイデガーが『存在と時間』以来、とりわけ濫用してきた語である。もちろん、Gesellschaft〔社会〕と対置されているわけではないが、それでもこの語は、反動派の用語法における「基本的な常套語」である。また、エンゲルスも「コミューン」(もちろん一八七一年の革命自治政府のことである）を念頭におきつつ、次のように無邪気に書いてはいなかったか。「（…）自由について語れるようになるやいなや、国家としての国家は存在しなくなります。だから我々は、国家というかわりに、どこでもGemeinwesen〔共同社会〕という語を用いるように提議したい。この語は、フランス語の「コミューン」に非常によくあてはまる、昔からのよいドイツ語です[46]」。だが、事態はつねに見かけほど単純なものではない。しかも「コミュニズムの単なる表層」の向こうに何か精神的なもの〔etwas Spirituelles〕があるとハイデガーが言うとき、正確には何が意図されているのだろうか。彼はエンゲルスと同様、つまりそもそもマルクスと同様に、「自由」について考えているのだろうか。

ところで——これが第二の目印なのだが——自由なもの（ヘルダーリンの用語法に従えばdas Freie[47]〔自由な開かれ〕）と必然的なものの二項対立は、ハイデガーの論証の中心を占め

(45) *Acheminement vers la parole*, trad. J. Beaufret, W. Brokmeier et F. Fédier, Paris, Gallimard, 1976 ; *GA* 9, p. 254.

(46) アウグスト・ベーベル宛書簡（ロンドン、一八七五年三月一八—二八日）。Karl Marx et Friedrich Engels, *Critique des programmes de Gotha et d'Erfurt*, Paris, Éditions sociales, 1972, p. 58-59.『書簡集 一八七五—一八八〇年』村田陽一・萩原直訳『マルクス エンゲルス全集』第三四巻、大月書店、一九七四年、一〇九—一一〇頁。

ていることが分かる。つまり、それは「必然性の」自由への「転換」、Not-wendigkeit〔必要を転じることとしての必然性〕を約束する転回ないし革命（Umkehr）の中心を占めているのだ。ここから、コミュニズムと階級なき社会の到来について述べた『資本論』第三巻の有名な定式、「必然の国から自由の国への移行〔跳躍すなわちSprung〕」[48]を想起せずにはいられない。はたしてハイデガーは、『資本論』を読んでいたのだろうか。

もちろんこの定式は人口に膾炙していたのであって、ハイデガーがあちこちから情報収集することはできたとしても、彼が『資本論』を読んだということは当然ながら疑わしいだろう。ところが、ハイデガーがランツフートとマイヤーによって編集されたマルクスの『初期著作集』を一九三二年の刊行時から読んでいた、しかも熟読していたということは、きわめて明白な事実である。彼は晩年のゼミナールに到るまで、繰り返しこの著作集を参照している。[49]ある種の手法に従って、彼はこの書物を手の届くところに置いていたのだ。ここから次のように結論すべきなのだろうか。すなわち、少なくともハイデガーによって解釈され「省察」されたヘルダーリンのテクストの行間に、あるいはその背後に浮かび上がった透かし模様のようにして、マルクスのテクストをもまた読まねばならない、と。このような結論も除外すべきではない。たしかに、マルクスに対するハイデガーの「ポジ

ション」は、つねに、あるいはほとんどつねに、「批判的」なものであった。ハイデガーはた

---

(47) ヘルダーリンにおいては、das Freie〔自由な開かれ〕という語は、das Offene つまり「開かれたもの」と等置されうる（とりわけ悲歌「パンと葡萄酒」の数々の稿を参照）。

(48) エティエンヌ・バリバールは、この定式を想起しながら、それが「歴史哲学の観念論的伝統と完全に一致する」ものだと注記している（*op. cit.*, p.113）。

(49) 少なくとも現在の『ハイデガー全集』の刊行状況においてつきとめることのできる、最初のマルクスについての言及は、一九三一―三二年のプラトン講義におけるものである（*De l'essence de la vérité*, trad. A. Boutot, Paris, Gallimard, 2001, p. 361-362 ; *GA* 34, p. 325）。それは「イデオロギー」の概念に関する補遺註のなかの発言である。「イデア論はマルクス主義とイデオロギー論に対する前提である。イデオロギー、抽象物、社会的生産関係の上部構造としての『世界観』。マルクス主義の克服なのか。K・マルクス『貧困の哲学』の言葉、『物質的生産様式に従って社会的関係を形成する同じ人間が、また原理、理念、カテゴリーをその社会的関係に従って形成する』」。『資本論』第三巻の定式については、ランツフートによる『初期著作集』の序文のなかにこの定式が見いだされる（*Frühschriften*, rééd., Stuttgart, Kröner, 1953, p. LVIII〔ハイデガーが参照したと思われる版は *Der historische Materialismus. Die Frühschriften*, hrsg. von S. Landshut und J. P. Mayer, Leipzig, Kröner, 1932〕）。そして最後に、ル・トールとツェーリンゲンでのゼミナール（一九六六―一九七三年）においても、ハイデガーは相変わらずランツフートの版を参照している（cf. *Questions* IV, réd. J. Beaufret, Paris, Gallimard, 1976 ; *GA* 15）。

いていの場合、「存在は生産であり、人間の本質は労働である」という基本「テーゼ」にもとづいてマルクスを規定していた。そのうえ、この基本テーゼゆえに、コスタス・アクセロスの表現を借りて言えば、マルクスを「技術の思索者」とみなすことができた。もちろん少なくとも、この（「技術」という）概念を受け入れるならばの話ではある。周知のように、「技術」とは、ヨーロッパの極右の語彙においては、「資本」という名称を用いないで語るための高尚な（そしてギリシア的な）婉曲表現であったのだ。[*23] しかし、ハイデガーは、つねに変わらずマルクスをこのように位置づけていた――いわんや「マルクス主義」をこのように限界づけていた――わけではない。とりわけ、ハイデガーはマルクスをヘルダーリンに「近づけて」理解することもあった。もちろん彼なりの手法を用いてであるが。

そもそもハイデガーは、マルクスがヘルダーリンという人物を知っていたということを、そしてヘルダーリンを読んでいたということを知っていたのだろうか。

それはけっして周知の事実ではないし、いずれにしても、そのような事実にハイデガーはほとんど興味を示さなかった。

しかしながら、それは事実なのであり、それを裏づけるテクストもまた残されている。

マルクスはヘルダーリンを知っていた。というのも、ベルリンでの学生時代に、そしてその後も、彼はベッティーナ・フォン・アルニム（ベッティーナ・ブレンターノ）と熱心に交流していたからである。彼女は急進派の学生たちや、例のドクトルクラブ〔Doktorklub〕に集まる「ヘーゲル左派」（ブルーノ・バウアー、ルーゲ、モーゼス・ヘス……）[*24]のよき助言者（エゲリア）であり、イェーナのロマン主義と一九世紀前半におけるドイツの「精神的な生」の証人であり、誰よりも先に、プロレタリアートのための擁護書（『この書は国王のもの』[*25]）を執筆する勇敢さをもった人物であった。シンクレールの証言――彼女はあらゆる人物と知り合いであった――と、ヘルダーリンの「ソフォクレス註解」をめぐる独創的な読解にもとづき、彼女は小説『ギュンデローデ』の第一部を締めくくる見事な最終章を執筆した[50]――この小説は、一八四一年の初版から、マルクスに贈呈されている。

そのようなわけで、マルクスはヘルダーリンを読んでいたのだ。一八四三年――ヘル

（50）この箇所はアルメル・ゲルヌの『ドイツ・ロマン派集』（既出）において翻訳されており、また少なくとも部分的にはプレイヤード版にも収められている（p. 1106 sq.）。ハイデガーは、一九五九年に発表した「ヘルダーリンの大地と天」の「予備的注記」においてこの箇所を参照している（*Approche..., op. cit.*, p. 200 ; *GA* 4, p. 154）。

ダーリンの没年でもある――に、マルクスはルーゲとの共同作業により（ハイネの協力により）、一号だけしか発行されなかった『独仏年誌』をパリで刊行する。その劈頭を飾るエピグラフは、ヒューペリオンからベラルミーンに宛てられた、ドイツ人に対する有名な「憤懣の」書簡であった。[*26] この書簡についてはすでに言及したとおりである。

これは瑣末な逸話だろうか。単に「歴史学的」なものにすぎない細かな事実だろうか。これについては確かなことは言えない。

ハイデガーは、この日付において、たとえば『初期著作集』に収められた論考のうちの何を読んでいた可能性があるだろうか。何がハイデガーにとって、ヘルダーリンの「箴言」と響き合うものと映り、そして逆説のきわみだが、「精神的なもの（das Geistige）」の指標とみなされたのか。

それはもしかすると、たとえば、「一八四四年の草稿」の第三草稿、『政治経済学と哲学』の次の一節であったかもしれない。

> 人間の自己疎外である私有財産の積極的な廃絶（Aufhebung）としての、したがって、人間による人間のための人間的な本質の現実的な獲得としてのコミュニズム。そ

れゆえに、これまでの発展がもたらした完全な富にもとづいて意識的に生じてくるような、社会的な人間つまり人間的な人間としての人間の完全な自己帰還であるようなコミュニズム。このコミュニズムは、完成した自然主義＝人間主義、ないし完成した人間主義＝自然主義としてである。このコミュニズムは人間と自然との、また人間と人間との抗争の真の解決（Auflösung）であり、現実存在と本質との、対象化と自己主張との、自由と必然との、個と類との争いの真の解決である。それは歴史の解決された謎であり、しかも、みずからがこの解決であることを知っている。

〈生成しつつある社会がそうした人間的感覚の陶冶のためのすべての素材を、私有財産とその貧富の――あるいは、物質的および精神的な（geistig）貧富の――運動をとおして見いだすとすれば、すでに生成しおわった社会は、こうした豊かなすべての本質をそなえた人間を、つまり豊かな、あらゆる感覚をそなえた思慮深い人間をその社会の恒常的な現実として生みだすようになる。〉

これでわかるように、こうした社会状態においてはじめて、主観主義と客観主義、唯心論と唯物論、能動と受動は対立するものではなくなり、それとともに、そうした対立項としてのありかたを失う。（…）

〈そうなるとすでにあきらかなように、経済的な富裕と貧困にかわって、豊かな人間と豊かな人間的欲求とがあらわれることになる。豊かな人間とは同時に、人間的な生表出の総体を必要とする人間、すなわちおのれ自身の実現を内的な必然性（Notwendigkeit）として、必須のもの（Not）とする人間でもある。――社会主義の前提のもとでは――人間の豊かさだけでなく貧しさ（Armut）までもが同じように人間的な意義を、それゆえ社会的な意義を手に入れる。貧しさは、人間にとって最大の豊かさである他の人間を、欲求として感じさせる受動的な紐帯である[51]（…）。〉

このテクストが――そして他にも数多くのテクストが――どれほどまでにヘーゲル的な論理によって一貫して支配されているか、またどれほどまでに人間という存在論的な前提とその本質の重層規定が、いわゆる「主体性の形而上学」の範囲内に完全におさまるものなのか、さらに、どれほどまでにコミュニズムの定立（テーゼ）が、〈歴史〉をめぐる〈知〉の（〈学〉の）定立（テーゼ）であるか、等々、これらのことを立証するのはもちろんきわめて容易である。そしてじつは、これらのことはすでに決着済みの事項である――たとえハイデガーが（ほとんど）いつでも、細心の注意を払ってこれらの問いを検討している（このことは銘記しておかねばならない）としてもである。そのうえ彼は、すでに喚起したように、ヘーゲルとヘルダーリンの哲学的な共犯性がいかに密接なものであったかも熟知していた。また、もしヘルダーリンの「表現」を次第に麻痺させたであろう要因がなかったならば、そして彼が「闇へと沈潜し」「光を失う」（Umnachtung〔精神錯乱〕）以前の二、三年前のうちに、彼の「理性」の鎧を解いていったであろう要因がなかったならば、ヘルダーリンを弁証法に引き寄せて読解することがいくらでも自由である——そしてそのような読解はあまた存在する……——ということを、ハイデガーは熟知していた。しかしハイデガーにしてみれば、これがもっとも決定的な点でなかったのは確実である。そのかわりに、決定的なのは次の点であっただろう。つまり、数々の例——そのうちのいくつかは最終的には「六八年」前後のものである[*27]——から確証しうるように、マルクスをもっぱら糾弾するという以外の仕方では、ハイデガーがマルクスを名指すことができなかった時局において、した

（51）Trad. E. Bottigelli, Paris, Éditions sociales, 1962, p. 87, 94, 97〔「経済学・哲学草稿 第三草稿」村岡晋一訳『マルクス・コレクションI』、筑摩書房、二〇〇五年、三四九、三五九、三六二頁〕。〈 〉に入った部分はマルクスによって色鉛筆で削除された箇所である。ランツフートはこのことを指示していない。

がってこの日付においてヘルダーリンを読むということは、あるいはより正確にはこのヘルダーリン、つまり「精神たちのコミュニズム」のヘルダーリンを読むということは、たとえ「精神たちのコミュニズム」という題名を隠しておかねばならなかったとしても、当然のことながら、そこにマルクスをも読み込むということを意味していたのである。

貧しさへの意志

二つの例を挙げるだけで十分であろう。それぞれ四〇年代のコーパスから抜き取られたものである。

第一の例は、詩「追想」を扱った講義（一九四二年）と講演（一九四三年）のうちに、いうなれば、おのずと提示されている。ハイデガーはそこで、のちに一九四五年の講解説教となるものの最初のバージョンを素描しているが、それは結局のところ、あきらかに、〔一九四五年の〕講解説教よりも「キリスト教的」である。たとえば講演において[52]、ハイデガーは、次の二行の注釈を試みる。

けだし富がはじまるのは
海においてである……

この箇所をめぐる注釈は、すでに指摘したように[53]、きわめて複雑なかたちで、思弁的観念論の存在‐論に対するヘルダーリンの関係をめぐる分析——それは講演を全体として重層規定している——のなかに組み込まれている。これに先立って、ハイデガーは、悲歌「パンと葡萄酒」の最終連の最終稿から「〈歴史〉の法」なるものを引き出していた。「この来たるべき詩人たちの詩人であることについての法は、詩人たちによって根拠づけられる歴史の根本的な法である。歴史の歴史性は、固有のものに帰還するところにその本質をもつが、その帰還がありうるのは、まず、異なるものへの出航としてである[54]」。この「異

（52）*Approche*..., *op. cit.*, p. 169-170 ; *GA* 4, p. 132-133.
（53）原註（38）——および *Approche*..., p. 114-115 ; *GA* 4, p. 91——を参照。

なるもの（das Fremde）」が、あきらかにハイデガーに憑きまとっていた――そして彼を悩ませた。したがってそれを、何としてでも固有なもの（das Eigene）へと連れ戻さねばならない、つまり「本国に送還」せねばならない。ハイデガーは、ふたたびみずからの読解をこの方向へと捻じ曲げる。今回もまた「追想」の第四連をめぐるものである。

　　だがどこにその友人たちはいるのか。ベラルミーンと
　　その伴侶たちは。多くの者が
　　源泉に赴くのに物怖じする。
　　けだし富がはじまるのは
　　海においてである……[*28]

まず第一段階として、ハイデガーは先に述べたことをほぼそのまま繰り返している。

　多くの者が／源泉に赴くに物怖じする……。これが意味するのは、多くの者が遠のいていて源泉には赴かない、ということではない。この言葉はむしろ、多くの者がた

めらっていて、まっすぐに源泉に突き進むのではない、と述べているのである。物怖じしながらも、その者のみが、やはり、源泉へと歩みゆく法を知っている。直接には源泉へと赴かないことによって、彼は源泉への歩みをまさに本来的に歩む。それゆえ物怖じする者たちのなかでもっとも物怖じしている者だけが、まず、この歩みの途上にいることになりうる。詩人こそがこのような者である。（…）法を知っているということは、法のなかに立ち、まずもって勇敢に郷里を忘却しながら異郷への旅をすることにのみ存するのだということが、彼には分かっている。けだし精神が住処にいるのは／元初においてではなく、源泉のところではない。なぜ精神は初めに、通常の考

（54）*Ibid.*, p. 120-121 ; *GA* 4, p. 95. ハイデガーは、当然のことながら、ベーレンドルフ宛第一書簡（一八〇一年一二月四日、ボルドーへの出発の直前）も引っ張り出してきている。そのうえ、ハイデガーは、かなり突拍子のない仕方で、「追想」の解釈をいうなれば西南／東北（アキテーヌ／シュヴァーベン）の方角に「方向づける」。だが実際は「追想」という詩そのものは、アレクサンダー・フォン・フンボルトへの明白な示唆によって――J‐P・ルフェーヴルはこれを見事に証明した――アメリカへの航海を語っているのだ。それは草稿が示しているように、「インディアンたちのもとへ」の航海であって、インドへの航海ではない……。

えにしたがって、直接にありとあらゆる充実がそこに隠され、そこから源を発する源泉のところにはいないのか。[55]

実際に、それがなぜかといえば、もちろん豊かさの逆‐説ゆえにである。ここから、第二段階においては、次のような推論が導かれる。

豊かさはけっして単なる所有ではない。まして、それはつねに所有の根拠であるから、所有の結果であるはずはない。豊かさとは、固有の本質の獲得への道を開き、固有なるもののために成熟せよという掟を無際限に守りつづけることによって、固有の本質の所有を保証するものの過剰(Überfluß)[56]である。(…)真の過剰は、自己自身が溢れ出て、そのように自己自身を凌駕する過剰である。そのように凌駕しつつ、溢れ出るものは自己自身に流れ戻り、また、つねに凌駕されるので、自己自身が満たされることがないことを知る。しかしこの自己を凌駕しながらけっして満たされないこと、これこそが根源(Ursprung)である。この豊かさは、本質的に、そこではじめて固有のものが自分のものとなるところの源泉である。この源泉は一者のその尽きることなき単一性への展開である。そのようなあり方の一者は単純なものである。
まさにこの推論から、貧しさの本質が導き出される。

豊かでいることができるのは、豊かさを自由に使用し、豊かさをあらかじめその本質のうちに見ることをわきまえている者のみである。このことをなしうるのは、貧しくはあっても貧しさが欠乏ではないことを知っているという意味で、貧しくしていることができる者のみである。なぜなら欠乏はつねに持たないことに陥るからである。持たないこととは、持つための適性もないのにすべてを直接に――持たないのと同様に直接に――「持ち」たがることをいう。この欠乏は貧しさの勇気を源泉とするので

（55）*Ibid.*, p. 169 ; *GA* 4, p. 132.

（56）この Überfluß〔過剰・充溢〕という語の選択は、いわば源泉の「圧迫」によってもたらされたものである。この語は一九四五年の講演で用いられる「不必要なもの〔das Unnötige〕」とはまったく異なる。「不必要なもの」の方は、おそらく「［宗教について］」の読解によって、いうなれば、「必要」となったのであろう。「過剰」は、厳密には、「不必要なもの」とは異なったものである。

はない。持つことを欲する欠乏は、豊かさの純粋な本質を知ることもできず、その獲得の制約を引き受けようともせずに、たえまなく豊かさにしがみついているところの、単なる貧窮である。本質的な貧しさは、根源的なもののなかにのみ本質としてある単純なものへの勇気である〔強調は筆者による〕。この貧しさは、豊かさの本質に目を向けるので、豊かさの法を知っている。豊かでありたいと欲することは自己凌駕の試練を経ていなければならない[57]。

目を疑いたくなるような一節であるが、とにかく付け加えるべきことはたくさんある。どうすればこれほど臆面もなく、「持つこと」への「適性」、あるいは「豊かさにしがみついているところの貧窮」などと言えるのか。ハイデガーは貧困が何であるのかを知っている——あるいは少しでも関心をもっている——のだろうか。そしていかにして、きわめてキリスト教的な清貧の「誓願（Gelübte）」から、この種の「反貨殖論的」な暴力へと移行することができるのだろうか。したがってこの禁欲への呼びかけ——要するに貧窮を共にすること〔*communauté démunie*〕への呼びかけ——から自己超克〔Selbstüberwindung〕のファッショ的な主意主義へ、つまり「貧しさをその本質において」誤認することの糾弾——この糾弾は押し殺されてはいるがはっきりと聴取しうる――として舞台裏で鳴り響く主意主義へ、いかにして移行することができるのか。いったい何がここでは問題になっているのだろうか。強制された貧しさ、組織化された戦争や飢饉（スターリン体制下でのウクライナ飢饉のような）[58]の貧しさを「乗り越える」ことが問題なのか。たしかにハイデガーは、『哲学への寄与』を執筆していた頃から、「〈存在（Seyn）〉にかんしては、我々は何も持たない」と繰り返し述べてきた。このことに異論の余地はない。またたしかに、ここからすぐさま、彼は「存在がある＝それが存在を与える〔Es gibt Sein〕」といった定式へと、つまりある種の贈与の存在論的な非経済（アネコノミー）へとたどり着く（バタイユがモースの影響下に構想した非経済学と対比することができよう）。とはいうものの、はたしてこれらのことから貧しさそ

（57） *Ibid.*, p. 169-170 ; *GA* 4, p. 133.

（58） こうした組織化された戦争や飢饉について、一九四五年の講解説教は、きわめてはっきりと示唆しているが、これはほかの数多くのテクストでも同様である。たとえばブレーメン講演（一九四九年）では「組織的な飢饉」、「動力化された農業」、そして「絶滅収容所」が――「本質において」――同一の平面上に並べられている〔*GA* 79, p. 27〕（このテクストについては『政治という虚構』で言及した〔*Fiction du politique*, p. 58 sq.『政治という虚構』、六八頁以下〕）。

のものが正当化されるのだろうか（その本質において、あるいはそうでなくとも）。ましてや何百万もの人間の死が（あるいは生存が）問題になっているときに、「〔日常の〕退屈」と「自分自身のまわりを空転する生」に対してハイデガーが示すあからさまな侮蔑は、いったい何を意味するのか。結局のところ、シカゴ学派が、すぐさまこの問いに答えを与えてくれるだろう。

第二の例は、はるかに明快で、かつよく知られている箇所である。それは講解説教から一年もしないうちに執筆され、こんどは「異郷の」読者に、この場合はフランスの読者へと送付された(59)『ヒューマニズム書簡』からのものである。しかも、この書簡もまた、「異なるもの（das Fremde）」の問いに憑きまとわれている。だがその憑依の仕方は、少しばかり――ほんの少しではあるが――異なっている。

ハイデガーはそこで、みずからの著作を読みなおし、解釈しなおし、そしてこの機会に乗じて、部分的に自己を正当化しようとしている。彼は、自身がかつて「投企（Entwurf）」および「被投的存在」と名づけ、サルトルが踏襲したものへと立ち返る。ある意味で彼は釈明し、みずからの意見を訂正してもいる。「企投することのうちで〈投げ〉を生じさせているのは、人間ではなく人間を彼の本質としての現存在の脱-存のうちへと遣わしている（schickt）存在それ自身である。この命運は存在の開け（Lichtung）として生起する（sich ereignet）（…）。存在の開けは存在への近さ（Nähe zum Sein）を授ける。この近さのうちに、つまり「現」という開けのうちに、人間は脱-存するものとして住んでいるが、この住むことをことさらに経験し引き受けることを、人間は今日いまだになしえないままになっている[60]」。まさしくこの箇所の直後に、ヘルダーリンが登場する。それは「戦時下における」ヘルダーリンであり、そこからほぼ一直線にマルクスへと道が通じている。

それ自体が現存在の「現＝そこ［Da］」であるこの存在「の」近さは、ヘルダーリンの悲歌「帰郷」に関する講演（一九四三年）のうちでは、（…）歌びとの詩からいっそう明瞭に聴き取られ、そして存在忘却という経験から発して「故郷（Heimat）」

（59）一九四六年に執筆され、すぐにジャン・ボーフレに宛てて送付されたのち（そして彼の仲介で他の者たち、たとえばおそらくサルトルやコイレ、もしかするとコジェーヴも回覧していたであろう）、一九四七年にフランスで刊行された。

（60）*Lettre...*, *op. cit.*, p. 94-95 et 96-97 ; *GA* 9, p. 337.

と名づけられている。「故郷」というこの語は、ここでは、ある本質的な意味において考えられている。つまりそれは、愛国主義的（patriotisch）もしくは国民主義的（nationalistisch）にではなく、存在史的に考えられているのである。しかし同時に、故郷の本質は、近代的な人間の故郷喪失性（Heimatlosigkeit）を存在史の本質の方から思考するという意図においても、名づけられている。ニーチェはこの故郷喪失性を経験した最後の人物であった。彼は形而上学の内部において、形而上学の転倒(Umkehrung)以外には、故郷喪失性からの出口を見いだしえなかった。まさにここにおいて、出口なしの状態が完成した。だがこれに対しヘルダーリンは、「帰郷（Heimkunft）」を詩作したとき、彼の「同郷の人々[61]（Landsleute）」がその本質へと到る道を見いだすことができるように気遣っていた。彼らの本質を、ヘルダーリンは民族（Volk）のエゴイズムのうちに求めているのではまったくない。ヘルダーリンは、むしろ西洋の命運への帰属から発して、彼らの本質を見いだしているのである。しかしながらその西洋（Abendland）も、東方（オリエント）と区別された西方（オクシデント）として地域的に考えられているのではなく、単にヨーロッパとして考えられているだけではなく、根源への近さから世界史的に思索されているのである。（…）「ドイツ的なもの」は世界に向けて、世界がドイツ的本質において回癒（genese）するために言われているのではなく、ドイツ人たちが諸民族への命運的な帰属にもとづいて諸民族とともに世界史的なものとなるために、ドイツ人たちに言われているのである。[62]

まさしくこの瞬間、この箇所のあとで、「こうした歴史的に住むことの故郷が、存在への近さである」という簡潔な結論文（移行文）をはさんで、すでに言及した「聖性 - 神学」についての段落が続く。[63] この段落は終戦直後のフランス人たちにとって、じつに驚くべきものであった――なにしろ彼らは、ローマでの講演「ヘルダーリンと詩作の本質」（一九三六年）以外には、ほとんどヘルダーリンをめぐるテクストを読んでいなかったのであ

（61）フランスの農村で、同じ村ないし地方の「生まれ」の者を言い表すために、「くにの男〔un pays〕」、「くにの女〔une payse〕」と言うが、Landsleute という語もこの意味で理解される。ロジェ・ミュニエはこの語を「同国人・同郷人〔compatriotes〕」と訳しているが、このような訳出には難点があると思われる。ハイデガーはこれに先立って、まさに「祖国的」「国民主義的」という語を遠ざけているからだ。

（62）*Ibid.*, p. 96-97 et 98-99 ; *GA* 9, p. 337-338.

（63）原註（41）を参照。

る。このローマ講演は、一九三四―三五年の講義『ヘルダーリンの讃歌』を外国版に要約し、あるいは「濃縮」したものであった。しかし重要なのはフランス人がそれをどう受け止めたかではない。重要なのは次のことである。すなわち、引用した一節は（ほぼ直接的に）マルクスへと導かれているが、そのためにはニーチェの形而上学に対するポジションが喚起されねばならないのである。ニーチェのポジションとは、単純な転倒の立場であって、それゆえアポリアへと行き着くものである（この立場に対して、ハイデガーは、かぎりなく明白に距離をとっている）。だとすれば、マルクスは、不幸にも彼のものとされている定式（弁証法を「逆立ちさせる」）によってみずからの思想が要約されることを免れている、ということにならないだろうか。おそらくはそうだろう。二頁ほどあとで、こんどはドイツ的な死の「体験」についての少なくとも唖然とさせるような宣言文に続いて、[64]マルクスが次のように提示されている。

故郷喪失性は世界の運命となる。それゆえに、この命運を存在史的に思索することが必要なのである。マルクスが、ある本質的にして卓越した意味においてヘーゲルから出発して、人間の疎外（Entfremdung すなわち「疎遠化」）として認識したことは、その諸々の根をたどれば近代的な人間の故郷喪失性のうちへと遡る。(65) 近代的な人間の故郷喪失性は、たしかに形而上学という形態における存在の命運から呼び起こされ、形而上学という形態によって固定され、また同時にこの形態によって故郷喪失性としては秘め隠されるのである。(66) マルクスは疎外を経験することにおいて歴史のあるひとつの本質的な次元のうちにまで到達しているがゆえに、マルクス主義的な歴史の見方（Anschauung）は、その他のあらゆる歴史記述（Historie）を凌駕しているのである。(67)

（64）「（…）ヘルダーリンのギリシア的なものへの関係は、ヒューマニズムとは本質的に別のものである。それゆえに、ヘルダーリンのことを知っていたドイツの青年たちは、〔第一次世界大戦中に〕死に直面して、世にドイツ的見解と呼ばれるところのものとは別のことを、思索し生きたのであった」。周知のように、ここには「本質的供犠」の主題がある。この主題はおそらくカントロヴィッチの『祖国のために死ぬこと』〔甚野尚志訳、みすず書房、一九九三年〕と関係しており、これはすでに言及した、「芸術作品の起源」の一九三六年の版におけるアレーテイアの五つのテーゼのうちのひとつにも数えられていた。

（65）諸概念の「交換価値」と「使用価値」。疎外〔Entfremdung〕は故郷喪失性〔Heimatlosigkeit〕を意味する。そしてもちろん、これが言わんとすることは、故郷喪失性が疎外の真理であるということだ。スピノザの時代の言い方にならえば、以上、証明終わり〔C. Q. F. D.〕。

もちろん、最後には、ハイデガーは、マルクス主義が形而上学的なテーゼを前提にしていることをあらためて喚起せずにはおかない。それについてはすでに強調しておいた。一九四五年の場合と同様、手続きは二段階である。第一に、マルクスが唯物論と称しているものを誤認してはならない(「唯物論に関する素朴な考え方や、唯物論に打撃を与えるつもりの安直な反駁から解放されることが、当然ながら必要である」)。第二に、しかしマルクスの唯物論は、その固有の形而上学的な地平のうちに位置づけるべきである――「唯物論のこのように言うのにはいくつかの(非常に確実な)理由がないわけではない。「唯物論の本質は、一切はただ物質(Stoff)であるという主張に存するのではなく、むしろあるひとつの形而上学的な限定に、つまりそれに従えばすべての存在者が労働の素材(Material)として現出するという形而上学的な規定のうちに存するのである。労働の近代的‐形而上学的な本質は、ヘーゲルの『精神現象学』のうちで次のようなこととしてあらかじめ思索されている。すなわち無制約的な製作がみずからを設立してゆく過程、つまり主観性として経験された人間による現実的なものの対象化として、思索されているのである」[68]。ここから――それはお分かりのように決定済みなのだ――「技術」へと話題を変えること、つまり「資本」について(けっして)話題にしないことは容易である。「唯物論の本質は、技術の本質のうちに秘め隠されている。技術についてはたしかに多くのことが書かれているが、しかしごく僅かなことしか思索されていない［これはとりわけユンガーへの「友愛のこもった」挨拶であろうか?］。技術はその本質において、忘却のうちに眠る存在の真理の、存在史的なひとつの命運である(69)」。

しかし、ここからさらに、何事もなかったかのように――かつても今も、「民族」、「言語」、ドイツ的なもの、「ギリシア人たち」、「ヨーロッパ」、「西洋」、さらには「歴史」、「存

(66) 別の言い方をすれば、マルクスは「知らないうちに」形而上学を免れていた、ということだろうか。彼は「思想界」のある種のジュルダン氏を演じていたということだろうか。［訳注　ジュルダン氏は、モリエールの『町人喜劇』の主人公。裕福な町人のジュルダンは貴族になるために、ダンス、音楽、哲学、剣術を学び、貴族の服も仕立てるが、ことごとく滑稽に失敗する。］

(67) *Ibid.*, p. 100-101 et 102-103 ; *GA* 9, p. 339-340. だがこれに続く箇所を読まないのはもったいないことだ。そこでは、実際、マルクス主義との「実りある」(生産的な［produktiv］!) 対話が語られ、「〈存在〉における歴史の本質性」に盲目であったフッサールとサルトルが糾弾されている。

(68) *Ibid.*, p. 102-103 et 104-105 ; *GA* 9, p. 340.

(69) *Ibid.*, p. 104-105 ; *GA* 9, p. 341-342.

在の命運」等々が、けっして定立的なもの、つまり形而上学的なポジションに属していなかったかのように[70]——「現実の社会主義」に対して、結局のところ宥和的な態度がとられる（しかもレーニン主義とスターリン主義の——国家的、軍事的、警察的、等々の——「現実」に対する完全なる盲目のうちで）。ここでもまた（しかしこの「対決」すなわちAuseinander-setzungは、じつをいえば際限のないものだ）、ぜひとも引用しておかねばならない。一九四六年の主張が、幸運にも、一九四五年の主張を解明しているからだ。

人間の本質的な故郷喪失性に直面するとき、存在史的な思索に対して、人間の来たるべき命運が次のことにおいて示される。すなわち、人間は存在の真理のうちへと逢着し、しかもこの逢着の道へと出発する、ということである。いかなる国民主義（ナショナリズム）も形而上学的には人間主義であり、そのようなものとして主観主義である。国民主義（ナショナリズム）は単なる国際主義（インターナショナリズム）によっては超克され（überwunden）ず、ただ拡大されてシステムへと高められるだけである。そのことによって国民主義（ナショナリズム）が人間性（フマニタース）へともたらされず、また止揚されないのであって、それはちょうど、個人主義が没歴史的な集団主義によっては人間性（フマニタース）へともたらされないのと同じである。集団主義は、全体性における人間の主観性である。集団主義はその無制約的な自己主張（Selbstbehauptung〔この語は一九三三年の演説で用いられた語である〕）を遂行する。この無制約的な自己主張は、みずからを撤回することがない。それは、一方の側しか媒介しない思索によっては（durch ein halbseitig vermittelndes Denken〔これはまさにマルクス主義の語彙である〕）、けっして十分に経験されることさえない。いたるところで人間は、存在の真理の外へと放逐され、理性的動物（アニマル・ラティオナーレ）としての自己自身のまわりを周回するのである。(71)

執筆者の計算ずくの盲目にもかかわらず、その主張は明快である――ここで少なくとも期待できるのは、結局のところ、明快さなのだ。したがって、ここでの主張が、またもやパスカルという「悲劇的な思想家」への極度に暗号化された示唆――「人間は〔無限に〕人間を超えている」（〔Der Mensch〕ist mehr als der bloße Mensch[*29]〔人間は単なる人間以上のものである〕）――を「媒介」としつつ、最後にはあまりに辟易とさせる牧人風の愚直さをも

(70) この点については、ライナー・シュールマンの『砕かれたヘゲモニー』〔Rainer Schürmann, *Des hégémonies brisées*, Mauvezin, TER, 1996〕を参照。

披露しながら、[72]「清貧の誓願」へと（ふたたび）導かれるとしても、それはとりわけ驚くべきことではない。ここでの主張は、みずからの本性を臆面もなく打ち明ける反資本主義的な教示へと、あるいは原‐政治的な責務へと（ふたたび）導かれる。

しかし人間の本質は、人間が理性的な生き物として表象されるかぎりにおいての単なる人間以上のものである、という点に存する。「以上」とは、ここでは、加算的な意味で理解すべきものではない（…）。「以上」が意味するのは、より根源的に、ということであり、したがってその本質においてより本質的に、ということである。しかしここには、人間が被投性（Geworfenheit）のうちにあるという謎めいたことが示されている。すなわち、人間は、主観性にもとづいて概念的に把握された人間と比べればそれ以下のものなのだが、そのかぎりにおいて、脱‐存しつつの存在の投げ返し（Gegenwurf）としては、理性的動物（アニマル・ラティオナーレ）よりも以上のものだ、ということである。人間は存在者の主人（Herr）ではない。人間は存在の牧人である。この「より以下」という点において人間は、何ものをも**損失せず**、むしろ存在の真理のうちへと到達することにおいて、かえって**獲得する**のである［強調は引用者による。ここに政治経済的な存在論の賭金のすべてがある」。人間は牧人のもつ本質的な貧しさ(Armut)を得るのであり、彼のもつ尊厳は、存在それ自身によって存在の真理(Warheit)を守ること

---

(71) *Loc. cit.*, p. 106-107 ; *GA* 9, p. 341-342. この直前の段落で、ハイデガーは次のように指示していた。「コミュニズムの教説に対して、そしてその教説の根拠づけに対して、さまざまな仕方で態度決定をなしうるであろうが、存在史的には次のことは確定している。すなわちそのこととは、コミュニズムのうちには、世界史的であるもののひとつの基本的な経験がそれ自身を語り出している、ということである。『コミュニズム』をただ『党派』としてあるいは『世界観』としてしか受け取らぬ者は、『アメリカニズム』という標題において、ただしかも軽蔑的にある特殊な生活様式しか考えていない人々と同様な仕方で、短絡的に考えている。旧来のヨーロッパがますます明瞭に押し込められている危険は、おそらく、すべてに先立って旧来のヨーロッパの思索が――かつてはヨーロッパの偉大さであったものが――、現われ始めつつある世界的命運の本質的な進行のもとに転じる、ということに存するのだが、それにもかかわらず、世界的命運はその本質に由来する根本的な諸動向においては依然としてヨーロッパ的なものに限定されているのである」。

(72) つまり「新石器時代」を懐かしむ夢想。牧人、隣人、(詩人と) 農民……。聖なるものと神々への確信にみちたノスタルジー (cf. M. Cauvin, *Naissance des divinités. Naissance de l'agriculture*, Paris, Flammarion, 1998)。

（Wahrnis）のうちへと呼び入れられていることに存する。この呼びかけは、そこに現存在の被投性が由来するところの投げとして、到来する。人間は、みずからの存在史的な本質において、次のような存在者である。すなわち、その存在者の存在が、脱 - 存として、その存在者の存在が存在の近さのうちに住まうことに存するような、そうした存在者なのである。人間は、存在の隣人（Nachbar）である。[(73)]

要するに、「塵も積もれば山となる＝小規模経済〔petites économies〕」などという事態は存在しないのだ。もっと言い換えれば、「負けるが勝ち」である。このように言い換えた方が、近接性や近隣性といった主題から解放され、少しは新鮮な空気を吸えるというものだ。少しばかり外気を求めること、あるいはツェラーンが（ビューヒナーにならって）述べたように、「息の通りを良くする[*30]〔se dégager〕」こと、それはまた、ハイデガーが決然と述べているように、「自由な開かれ（das Freie）」へとかかわりあうこと、そして〈聖霊（pneuma）〉の息吹へとみずからを曝し出すことである。したがって、ここから次のような問いが生じてくる。ほかによい語がないのでこう呼ぶのだが、原 - 政治は、結局のところ、また新たな〈存在〉の「王国（Reich）」において、その「王権」の監督下で、その

「豊かさ（Reichtum）」のただなかにみずからを囲い込むことになるのか。正確なところ、「豊かさ」とは何なのだろうか。それは最小の正義を前提としているのだろうか。あるいは、「豊かさ」が「貧しさ」の経験そのものであるとすれば、そのためには途方もない勇気が、貧困に臨んでの「気概」が必要となる。それでは、いかなる「豊かさ」が正確なところ、貧しさの経験の尺度なのだろうか。「貧しさ」は〈精神〉の約束なのであろうか。しかしニーチェが――おそらく正当にも――容赦なしにこきおろした「禁欲的な理想」が、原‐倫理的な責務のモデルなのだろうか。そしてあらゆる「貧困の哲学」は、マルクスが述べたように、「哲学の貧困」を証し立てているのではなかろうか。戦争末期、あるいは戦後のこの時期において、原‐倫理‐政治（的経済）は、正確なところ、いかなる忍耐へと導くのか、あるいは何を忍耐させようとするのか。

一九三六年のシェリング講義で、ハイデガーは、『人間的自由の本質について』（一八〇九年）の執筆背景を説明する箇所において、エアフルトの戦い（一八〇八年）の直後にナポレオンがゲーテと交わした対談を想い起こしている。おそらくは近代的な悲劇の可能性に

（73） *Loc. cit.*, p. 106-107 et 108-109 ; *GA* 9, p. 342.

ついて語ったゲーテに対して、ナポレオンは「[今日においては]政治こそが運命なのだ」と答えたという(それは実際のところ無回答ということだ)。しかしハイデガーはこれに激しく抗議する。「そうではない、精神こそが運命なのであり、運命であるのは精神なのだ」と。[(74)] したがって、我々においては、すべてが精神的なものに集中する。おそらくそうなのだろう……。しかし「真実の生」は「どこか別のところ」にもあるのだ。[*31] 忘れてはならないのだが、一九三三年の「総長演説」において、「運命」が全体としての存在者の「過剰な力」(Übermacht ちなみにこの概念はシェリングに直接由来する)を意味していたとすれば、なおさらである。「過剰な力」とはアイスキュロスの『プロメテウス』におけるアナンケー〔必然〕であり、[(75)] これに対しては、テクネーが無力であるとしても、アナンケーを「急襲(Strum)」しなければならないが、しかしけっしてそれに抗って(sich um-kehren)はならないのだ。

レ・ザイユ　二〇〇四年九月二三日[*]

(74) *Schelling*, trad. J. -F. Courtine, Paris, Gallimard, 1992, p. 15 ; *GA* 41, p. 3.

(75) *Discours de rectorat*, *op. cit.*, p. 15 ; *GA* 16, p. 109.

＊九月のあいだ、不安のうちで（そしてまた、私たちのあいだの「（脱）遠隔化〔é-loignement〕」がいかなるものであれ、快復の願いを込めて）私が序説を執筆していたあいだに、運命の必然から、このテクストは、ジャック・デリダに捧げられねばならないことになった。少なくとも本書は、彼なしではありえなかった。どのような説明も今日となっては十分なものではありえまい。同様に、この献辞を謎めいた現在のうちに維持しようとする私の欲望もまた、正当化しうるものではない。つい二日前にも、私は、この小著をジャック・デリダのもとにこっそりと持参し、みずから献呈しようと考えていたところなのだ。いかなる慰めもない、いつまでも。

レ・ザイユ　二〇〇四年一〇月一〇日

訳註

＊1　フォン・ヘルマンによる後書きを参照（本書二二六頁）。

＊2　エルンスト・ノルテらの展開した議論を指す。Cf. *Der europäische Bürgerkrieg 1917-1945. Nationalsozialismus und Bolschewismus*, Frankfurt am Main, Proyläen, 1987. ノルテは実際にハイデガーに師事し、オイゲン・フィンクのもとで博士号を取得している（フライブルク、一九五二年）。

＊3　原語は homélie。ギリシア語の homilia（語り合い）に由来する。とくに、旧約・新約聖書の本文にもとづきその使信を展開するのが homilia すなわち「講解説教」であり、他方で、信仰生活や社会の諸問題をとりあげてキリスト教の立場から対応を促すのが sermo すなわち「主題説教」と呼ばれる。また、後出の prêche および prédication は、ともにラテン語の

predicare（公表する・説く）に由来する語であり、より広く「説教」一般を意味する。

*4　wâran, wart, wahr, Wahrheit は、いずれも、「注意する・保護する・監視する」といった行為と「真理」との連関を示すゲルマン系の語彙。

*5　*StA* 2-1, p. 165.

*6　Überwindung と Verwindung は、ともに「克服」「乗越え」を意味する語であり、訳し分けは難しいが、日本語の訳書では後者を「耐え抜き」「堪え忍び」などと訳すことが通例となっているため、本書でも「耐え抜き」と訳した。両者の関係については、たとえば一九三八—一九四六年に執筆されたノート「形而上学の乗越え」（*GA* 7 所収）、あるいは一九五五年のユンガー論（*GA* 9 所収）を参照。

*7　Nicolas Edme Restif de la Bretonne, *Monsieur Nicolas ou le cœur humain dévoilé*, t. VII, 1797, p. 14.

*8　ラクー＝ラバルトが念頭においているのは、たとえば「我々の大学は我々の教会である」等のヘーゲルの発言である（ニートハマー宛書簡、一八一六年七月一二日 *Brief von und an Hegel*, Bd. 2, Hambourg, 1953, p. 89）。

*9　*StA* 6-1, p. 229-230.

*10　原語は「節制」、「簡素さ」を意味する sobriété であるが、この語はヘルダーリンが詩論および翻訳論において、古代と相対する近代人の運命を言い表すために用いた Nüchternheit（冷静さ、醒めた状態、等々）という語の訳語としても用いられる。（熱狂の対極にある）「冷たさ」と（陶酔の対極にある）「覚醒」の二要素をあわせて、ここでは「冷醒」と訳した。詳しくは『ハイデガー　詩の政治』（西山達也訳、藤原書店、二〇〇三年）の第二章「ねばならない」を参照。

＊11 *rājā, rex, rīki, rix, rich, riche, reich, Reich は、いずれも富と力、権力を意味するインド・ヨーロッパ語系の語彙。エミール・バンヴェニスト『インド＝ヨーロッパ諸制度語彙集』第二巻第一書（*Le vocabulaire des institutions indo-européennes*, t.II, Paris, Minuit, 1969. 前田耕作・蔵持不三也ほか訳、言叢社、一九八六年）を参照。

＊12 par-dessus le marché は『絵画における真理』（*La vérité en peinture*, Paris, Flammarion, 1978. 高橋允昭・阿部宏慈訳、法政大学出版局、一九九七年）所収の論考「+R」の副題。

＊13 *StA* 4-1, p. 276.

＊14 *StA* 4-1, p. 277.

＊15 「ソフォクレス註解」、とりわけ「『オイディプス』への註解」の冒頭を参照（*StA* 5, p. 195-197）。

＊16 フランス革命期に、カトリックの主日（日曜日）に代わって、旬日最後の日〔décadi〕（毎月九日、一九日、二九日）に実施された礼拝。

＊17 理性女神の祭典は一七九三年一一月一〇日におこなわれた。ダヴィッドが指揮したのは一七九四年の「最高存在の祭典」である。

＊18 ロートレアモンの言葉。「ポエジーⅡ」『ロートレアモン全集』石井洋二郎訳、ちくま文庫、二〇〇五年、筑摩書房、三六四頁。

＊19 二行詩「ソフォクレス」*StA* 1-1, p. 305.

＊20 ルネ・シャールの一九五一年の詩集のタイトルのなかの表現。*À une sérénité crispée*, Paris, Gallimard, 1951.

＊21 「経験」と「危険」の関係については、ラクー＝ラバルトは『経験としての詩』のな

かのある註でexpérienceについてのロジェ・ミュニエの次のような見解を参照している。「expérienceはラテン語のexperiri［こうむる］に由来している。語基はpeririであり、これはpericulum［危機・危険］のなかにも見いだされる。インド＝ヨーロッパ語の語根はPERであって、これは横断という観念に、また二義的に試練という観念にも結びついている。ギリシア語には横断、通過をしめす派生語は数多くある。たとえばperiô［横断する］、pera［彼方］、peraô［通り抜ける］、perainô［果てまで行く］、peras［終点・限界］。ゲルマン語には、古高ドイツ語のfaranがある。ここからfahren［運ぶ］とführen［導く］が派生した。まさしくErfahrung［経験］をこれに付け加えるべきであろうか。あるいはGefahr［危険］やgefährden［危険にさらす］のもととなった古高ドイツ語のfaraを通して、経験という語はPERの第二の意味、つまり試練に関連づけられるだろうか。この二つの意味のあいだの境界ははっきりしない。ラテン語のperiri［試みる］と、最初に試練を意味し、ついで危機や危険を意味するpericulumの場合も同様である。語源や意味のレベルでは、横断としての経験の観念と危険としてのそれを切り離すことは難しい。経験は、その出発点において、そしておそらく根源的には、危険にさらすことなのである」(*La poésie comme expérience*, Paris, Christian Bourgois, 1986, p. 30-31.『経験としての詩』谷口博史訳、一九九七年、五〇—五一頁)。

＊22　『パンセ』、ブランシュヴィック版七二、ラフュマ版一九九。

＊23　シュペングラー(『人間と技術』一九三一年)、あるいはユンガーが念頭に置かれている。

＊24　一八三七年末からマルクスが通ったベルリンのクラブ。学生や博士号を持った比較的若い人々がヘーゲル哲学や詩、演劇について議論を戦わせた。バウアー兄弟、ルーテン

ベルク、ケッペン、シュティルナーらがおり、またマルクスもそこでブルーノ・バウアー、ベッティーナ・フォン・アルニムとも知り合う。ベッティーナはこのメンバーを屋敷に招待してもいた。

＊25 一八四三年に、ベルリン郊外の貧民街の調書を添えて匿名で刊行。プロイセン国王フリードリヒ・ヴィルヘルム四世に社会改革を実施するよう進言した。

＊26 この書簡は『独仏年誌』の冒頭に掲載されている「マルクス＝ルーゲ往復書簡」のなかの、ルーゲによる一八四三年三月の書簡の冒頭に引用されている（*Deutsch-Französische Jahrbücher*, hrsg. Karl Marx und Arnold Ruge, p. 18）。

＊27 一九六六、六八、六九年にスイスのル・トールでおこなわれたゼミナールおよび一九七三年のツェーリンゲンでおこなわれたゼミナール（*GA* 15所収）。ルネ・シャールをはじめとするフランス人の参加者を前にして、ハイデガーは「六八年」の事件についても言及している。

＊28 *StA* 2-1, p. 189.

＊29 『パンセ』、ブランシュヴィック版四三四、ラフュマ版一三一。

＊30 「子午線」『パウル・ツェラン詩論集』飯吉光夫訳、静地社、一九八六年、九四―九五頁。「芸術を拡大する？ いいえ、そうではなくて、芸術とともに独自の隘路に赴きなさい。そしてみずからを解放しなさい〔Und setzte dich frei〕」。

＊31 ラクー＝ラバルトは、ランボーの詩「錯乱Ⅰ」（『地獄の季節』所収）のなかの有名な言葉 la vraie vie est absente〔真実の生は存在しない〕を la vraie vie est ailleurs〔真実の生はどこか別のところに存在する〕と言い換えている。

Ⅳ

ドイツ精神史におけるマルクス——ヘルダーリンとマルクス

フィリップ・ラクー＝ラバルト

（聞き手・訳＝浅利誠）

ヘルダーリンを読むマルクス

ラクー゠ラバルト　いつも忘れられていることですが、マルクスは、なんといっても、ヘーゲルの弟子たちの教えを受け、神学の勉強をした人間なのです。彼は、テュービンゲンの知的環境のなかで起きていた事柄について、相当の知識をもっていた人間です。彼は、ベッティーナ・ブレンターノの知り合いでした〔その関係で〕とりわけヘルダーリンのことを知っていたのです。彼は、ニーチェとならんで、一九世紀にヘルダーリンのことを知っていた希有な人間の一人なのです。それに、これもいつも忘れられていることですが、マルクスが一八四三―四四年にパリに亡命していた時、彼が『独仏年誌』にたった一回だけ発表したその号のなかで、ドイツ人に反抗する『ヒューペリオン』の第一部の終わりの十五行ほどを銘句として掲げています。当時だれがヘルダーリンの『ヒュペーリオン』を読んでいたでしょうか。〔マルクスがヘルダーリンを知ったのは〕彼がボンでその講義を聴いたシュレーゲル〔兄弟〕の兄を通してであるか、あるいはベッティーナ・ブレンターノ（マルクスは彼女が『ギュンデローデ』を出版した時代の一八四一年にベルリンで彼女と知り合いました。この本には、ヘルダーリンについての非常に有名な一節、とりわけ後期の、つまり中間休止（セジュール）、ソフォクレスへの註解〔『オイディプス』への註解」〕の時期のヘルダーリンについての一節があります）を通してか、そのどちらかであったはずです。このように、数人のフランスのロマン主義者を除くと、当時ヘルダーリンについては誰一人聞いたこともなかったのですが、フランスで誰一人読んだことのない本から引かれた一節を銘句に掲げた独仏雑誌〔の号〕をフランスで出しうるためには、これを知っていたにちがいありません。

私の教え子の一人にかなり詳しくこのテーマに取り組んだ人がいて、〔彼を通して知りましたが、〕シャルル・ノディエはヘルダーリンの存在のことをよく知っていたようです。また、フィラレート・シャールという博識なフランス人が「革命の気違い」という論文を書いているということも知りました。彼は、ヘルダーリンが、フランス革命に対する、そして、ナポレオンに対する幻滅から気違いになったと考えています。ヘルダーリンに関する初期のもう一つの証言、それは、「革命の気違い」の数年後のもので、ニーチェが十七歳の時に書いた、「ひいきの詩人について我が友の一人に送る手紙」というテクストです。これはヘルダーリンと『エンペドクレスの死』についてのテクストです。

マルクスの宗教批判

しかし、それを除けば一九一〇年代のシュテファン・ゲオルゲのサークルに属していたヘリングラートによる初のヘルダーリンの大全集版刊行まで、結局、忘れ去られることになり、ヘルダーリンの作品は完全な沈黙にさらされ、流通から消え去りました。こうしたすべてのことからして、私は思うのですが、テュービンゲン時代に、つまり革命的敬虔主義（敬虔主義とはいっても、テュービンゲンの教授たちが革命的敬虔主義者であったというのではなく、生徒たちがシュヴァーベンの布教全般の影響下にあったからです）において教育されたこれらの人々とマルクスとを結ぶ関係、それは、どちらもヤーコプ・ベーメの理念を継承する革命的敬虔主義という形式の下にあったのです。これは実際にあった関係であり、マルクスはこうした思想の伝統のなかで教育されたのです。彼の最初のテクスト（最初のテクストとはいっても、彼は若いころ大量の詩を書いた人間ですから、彼の書いた最初のものという意味ではありません。ただし、マルクスが共同執筆者として連署しなかったにもかかわらず、それが発表された時、ああ、これはマルクスが書いたものにちがいない、というふうに受けとめられた〔最初の重要な〕テクスト）、それは、ブルーノ・バウアーとだけサインされたテクストなのですが、あたかも偶然であるかのように、『最後の審判のラッパ』というタイトルです。これは宗教批判に関するテクストです。

マルクスの初期の諸テクストは、『独仏年誌』に掲載された「ヘーゲル法哲学批判序説」（これは未完です。マルクスには一冊も完結した本がありません）のなかにある文章「ドイツにとって宗教批判は本質的にはもう終わっている。そして宗教批判はあらゆる批判の前提である」、この有名な文章に結局は要約されうるテクストです。マルクスの出発点は、あきらかに、宗教批判にありましたし、その後も彼の思想を主導する線であることをやめませんでした。つまり、神学と形而上学の批判をともに含んだ、哲学批判としての「資本」の批判〔経済学批判〕においてもそうでした。私の関心を引くのはまさにこの点です。彼はこの伝統〔宗教批判の伝統〕のなかに名を連ねる人物なのです。

ヘーゲルとヘーゲル左派の人たちとのあいだには、たしかに、断絶がありますが、これは議論上そういっているだけのことであって、そんなことをいったら私にだって研究仲間との知的な断絶は起こりえます。たとえばフランスのハイデガー主義者たちとの断絶です。私の場合には政治的な理由だったのですが、マルクスの時代には神学‐政治的な理由でありえただろうと思います。たしかに〔マルクスのなかにも〕断絶（切断）はありますが、しかし、フランス国お墨付き（笑）の科学認識論的切断というようなものではありません。こちらは、バシュラール、カンギレームに由来し、何人かのアルチュセールの弟子によって継承されたものですが、彼らによると、哲学の意義とは、一つの科学を産出すべく一切の哲学からみずからを切断させることです。私は一瞬たりとそんなものを信じません。

ヘルダーリンとマルクスの近親性

ケノーシスの観念

逆に、たしかに、とりわけマルクスの初期のテクスト（このなかには厄介なテクストも含まれます。今日の私たちにとっては、ブルーノ・バウアーに対して向けられた『ユダヤ人問題によせて』など、なんとも読むのがつらくなるものも含まれます）を詳細に読んでみると、そこにみられる反ユダヤ主義は、まさしくルター的であり、しかも文体においてもそうなのです。乱暴にいってしまいますが、そこには、「プロレタリア、それは『神の死』の哲学的等価物である」——これこそまさにマルクスの指導的な理念の一つであったのだと思います——といわしめるような何ものかがあります。いい換えれば、ギリシア語によるキリスト教神学が、それの一貫した契機たるものとして示そうとした、そのような「ケノーシス」の観念、「空（ヴィッド）」の観念、それがマルクスの指導的観念の一つであったのです。みずからをつくる絶対的な「空」についての思考、これは、シェリングにおいては決定的に重要な思考だったのですが、ヘーゲルにおいてもしかりでした。神学において、根本的な否定性として、復活を生み出すもの、それがまさにこの「空」なのです。ただし、マルクスにおいては、この「空」は、新しい世界を生み出しうるものであるとみなされているのです。

　こうした私の見方、これもまた、マルクスの初期のテクストと、彼のまさに政治的なテクスト、政治の現状に取り組んだテクスト——たとえば『ルイ・ボナパルトのブリュメール十八日』とか、パリ・コミューンについてのテクストとか、レーニンがまったくの読み違えを犯した『ゴータ綱領批判』など——とを一緒に読んだことから出てくる見方なのです。

　一七九〇年代、一八世紀末のテュービンゲンの革命家たちが当地で培った理念とマルクスの〔理念の〕あいだには、きわめて近いものがあります。マルクスは、神学的だったばかりではなく、法学、哲学も修めた人間ですが、彼らの方は、もっぱら神学教育を受けた、本当に神学的だった人たちでした。しかし、彼らとマルクスのあいだには共通の何かがあり、たとえば、ナチの時代の編者たちもハイデガーもともに重んじなかったヘルダーリンのテクストがあるのは偶然ではありません。それは「精神たちのコミュニズム」というテクストですが、おそらく一七九〇年から一七九五年のあいだに書かれたものので、フランス語でいう共産主義運動――"Communismus"とCで始まるフランス語風の表記が用いられています――についての知識があったことを推測させます。〔ヘルダーリンとマルクスのあいだには〕何かとても近いものがあり、それは、いってみれば、「人間は、その人間的本質を奪われた時にこそ、人間になる可能性が開けるのである」という共通の理念にもとづいています。これは、神学的シェーマであり、マルクスは、この理念をけっして手放さなかったと私は思っています。こういったからといって別に批判になるとは思われません。むしろ、逆に、マルクスを通して、ヨーロッパ思想における、まさしく根底的に自明なもの、それを認知することになるのです。

精神たちのコミュニズムについて語った際、ヘルダーリンは、すでに右のような考えを持っていました。〔「精神たちのコミュニズム」というテクストは、ヘルダーリンの手稿を〕彼の友人だったシュヴァープが筆写し、取りまとめた雑記帳のなかに、ずっと後の一九二六年になって発見されたものです。私は、まだこの主題についての作業を終えてはおりませんが、結局のところ一続きになっている二つの事柄を見いだします。

一つは、さっき触れた、キリスト教的ケノーシス（＝空）の観念、この観念の歴史‐社会的置き換えです。キリストがみずからを空にするまで人間を生きたということ、そして、神は、キリストのなかで、つまりキリストの死のなかで、完全に空になったということ、しかも、それは、神たるためであるということ、これがケノーシスの観念です。この観念こそが、ギリシア悲劇とキリスト教的受難（＝パトス）を同化させるヘーゲル的秘教解釈の基礎なのです。このように、私は、「ギリシア‐ユダヤ教」といういい方をする際に、自分が何をいわんとしているかを、よくわきまえて話しているつもりです。

コミュニズムの理念

もう一つは、革命的ルター主義のなかにみられる強力な理念です。革命的ルター主義、ルターは、それを、彼が領邦君主たちと同盟を結んだ時に、みずからを打ち倒してしまうのですが、それでも、トーマス・ミュンツァーやヤーコプ・ベーメなどの「農民戦争」におけるルター主義にマルクスは興味をかきたてられました。ここにみられる理念というのは、プロテスタント主義による、この現世における神の国の予告、つまり万人が聖職者になる時代、普遍化された聖職者の時代の予告です。そこには位階というものがありません。したがって、ヘーゲル的国家に対してマルクスが批判しているものがなくなった国というものが予告されているわけです。マルクスは、ヘーゲル的国家をローマ的な教会‐国家形態であると考えています。かりにマルクスがスターリンのしたことを見ていたと仮定したら、彼はたぶんこういったと思うのです。「またぞろ党‐国家ですか、〔ローマ的な教会‐国家の形態と〕同じじゃないですか」と。

　ところで、コミュニズムの根本理念、それは、私たち全員が同じ資格で聖職者なのであり、お互いのあいだに違いなどないのだというものでした。ところで、じつはこの理念は、ヘルダーリンと若きヘーゲルの二人が、ともに深い仕方で、もっていた理念なのです。ヘーゲルは、キリスト教的精神についての彼の最初の諸テクストのなかで、こうした見方をしています。ところで、彼らはこの理念をフランス革命〔の理念〕と一体化させたのです。そして、彼らは失望しました。というのは、フランス革命がまったく違った方向へと進んだからです。つまり、教皇を後ろ盾にしたナポレオンによってなされた、ローマ式帝国再建の方向へと進んだからです。ヘルダーリンにとって、これはあきらかに耐え難いものでした。

　その後の経過は大雑把にはこうでした。マルクスは、パリ・コミューンのなかに同じ様な理念を（再）発見します。マルクスは、パリ・コミューンについての分析、あるいはドイツ社会主義綱領の批判、つまり『ゴータ綱領批判』のなかで〔ヘルダーリンと若きヘーゲルの理念を〕こういい換えます。つまり、政治において重要なのは国家の解体であると。ところが、このマルクスの理念に対して、フランス人もそうなのですが、ロシア人が、いうなれば巨大な錯誤を犯しました。

　まず、フランスの社会主義的なマルクスの最初の読み手の一人であるジュール・ゲードが、次に、ロシアにおいては、プレハーノフ、そしてレーニンが巨大な逆解釈を犯しました。ドイツ労働社会党のゴータ綱領についてのマルクスの欄外の註についてのレーニンの欄外の註をみると、レーニンがマルクスのいっていることを何も理解していないということ、そして、マルクスには完全に欠けている「プロレタリア国家」の理念をでっち上げているということが分かります。マルクスはプロレタリア国家があるだろうとはけっして考えたことなどなかったし、ましてやそれを望んだりなどしませんでした。

destructio（脱構築）としてのルター神学

今日マルクスについて私がもっている関心とはこんなところです。これはマルクスの神学化といったようなものではなく、マルクスがやろうとしたことをもう少しよく理解しようということなのです。同様に、批判概念、これはカントだけから派生したものではなく、啓蒙期のフランスにおける critique という語の使用からさえ派生したのではなく、ルター神学、文献批判の概念、ローマ的伝統の批判、福音書の回復、解釈学的概念と結びついた、それにまた、忘れてはならないのですが、ラテン語で destructio と呼ばれたものの概念に結びついた、原初のテクストへの回帰から派生したのです。この destructio についてはデリダが語りだしました。(1) 彼はあることに気づいたのですが、しかし、彼がそれに気づくずっと前に、私はすでに気づいておりました。これはルターが使った語、「初期キリスト教テクストについての教会によって構築された伝統を破壊する」ということをいうための言葉なのです。『資本論』でマルクスが行っているのはこれなのです。〔マルクスはこういうでしょう〕「アダム・スミス、リカードといったイギリス人、あるいはフランス人たちの『……学〔＝科学〕』と銘打たれた政治経済のテクストがここにあるとして、私はこれらのテクストを脱構築します。この自称『経済（の）学（科学）』を脱構築することで、私には、それが隠しているもの、すなわち『資本』そのものの現実の（ただし、利潤という強迫観念や搾取によってでもなければ、結局は正当化されえない）働きが読めます」。これ〔マルクスがルターのいう destructio の実践者であること〕は私には自明なことで、だからこそ、人がマルクスをこのルター主義の伝統から無理やり引き離そうとするのをみて、いつも唖然とさせられたのでした。

マルクス放擲という退行

フランスで「ハイデガー問題」がセンセーションを巻き起こした時期のことですが、あなたは私にこういったことがあります。フランスにおいて、一部の人間がマルクスを政略的に放擲する挙に出て、かなりの成功を収めたが、こうしたマルクス放擲を断固として悔いていると。

あなたは、現在、マルクスについての著作を準備中ですが、あなたにとって、マルクスについての刺激的な仕事はたぶんあまり多くないだろうと思います。もちろん、デリダの『マルクスの亡霊たち[2]』などはありますが、彼自身、それを書いた動機というのは、フランスの知の舞台におけるマルクス放擲という「症候」つまり、「マルクスの死」という言葉を用いてマルクスを厄介払いしようとする症候群を分析するためであるといっています。実際、彼の本はマルクスを正面から扱った研究というものではありません。フランスの知的状況に関するあなたの気持ちはどのようなものですか。

ラクー゠ラバルト　乱暴にささっといってしまいますが、大変な退行があったと思っています。私としては、フランスの知的状況を、ほとんど、「商品を一新させねばならない」という今日のマーチャンダイジング化の運命に擬したいほどです。在庫一掃バーゲン、そして再開店。再開店を期してのバーゲン。そして、〔この〕バーゲンというのが、〔じつは、何の新しさもない、まるで古代ギリシア - ローマの倫理学を思い起こさせるような〕古代人的道徳、倫理のことなのです。それは「大きな徳についての小概論」[3]ないし「小さな徳についての大概論」といったもので、ようするに、なんでもありというやつです。諸々の問題の周りを回ってはいるが、それに取り組むことはしない。自分の生活を語り、ときどきは現時の政治論争に加わった気でいるが、それが何をもたらすかは分かっちゃいない。やれマルクスはもう時代遅れだ、やれハイデガーはもうたくさんだ、ドイツ人はもうごめんだ、という点ではみんなの意見が一致しているのです。

こうした状況に加えて、アメリカの巨大な圧力というものもあります。最初のうちは、ヨーロッパ起源の思想、いわゆる大陸の思想を、ご存知のように、文学部――アメリカの唯一の公衆〔読者〕、それは大学であり、他にはありません――のなかに押し込めることに成功しました。しかし、広範囲にわたった一種の汚染の危機がじわじわと押し寄せてきているということを彼らは理解しました。例をあげれば、アメリカで非常に重要なものになったものに、デリダ現象がありました。また、アメリカの精神分析へのラカンの侵入もありました。これらが彼らを嫌悪させ、彼らは反撃に打って出ました。言語・論理学思想、形式主義、プラグマティズムの思想が、互いに身をよせ合わせての――なにしろ、これらは資本の思想なのですから――反撃です。その威圧感もその手段も相当に強力なものであると私は思います。

ハイデガーのプロテスタンティズム

さきほどの質問に戻らせていただきますが、あなたが「宗教闘争の巨大な戦場(4)」について指摘をなさった際には、次のことを前提としていたと思うのです。現在のヨーロッパ建設において、国民国家を単位に考える場合のヨーロッパの地政図と宗教闘争の巨大な戦場としての地政図とが、空間的にも歴史的にも、重なっているわけではないということ、そして、それをどのように考慮に入れなければならないかということ、これが念頭にあったと思うのです。

ラクー=ラバルト　そう、宗教闘争の巨大な戦場というのは非常に複雑です。西方・東方の教会分離、宗教改革による西方〔ローマ〕教会内の内的分離について、じつは、私がとても高く評価している、炯眼な精神の持ち主、ジャン=ジョゼフ・グーの説明を聞く機会がありました。彼がいうには、第一に、「わかりませんか、ヒトラーはカトリックなんですよ」と（たしかにその通りで、彼はオーストリア人でありカトリックでした）。第二に、「彼の大きなモデル、それはイエズス会だったのです」と。

それに対する私の返答はこうでした。「でも、ナチズムだってやはり宗教改革の産物なのであり、マルクス主義だってそうなのです。ただし、ヒトラーもマルクスもそうとは知らずにいたのです。マルクス主義の方は、マルクスのロシア的読解のせいで、ビザンチン起源の教会と同盟を結んだのです。そして、ナチズムの方は、実のところ、ドイツのルター派によるほぼ全面的な統一のおかげで、本質的に勝利したのです」。

ある意味では、これはヤーコプ・タウベスという今は死んだベルリンの哲学者がいったことですが、〔彼がいったように〕今でも次のようにいうことは可能でしょう。ドイツにおける三つの破局的な思想、それは、ヒトラー、ハイデガー、カール・シュミットという三人のカトリック教徒に代表された思想であると。たしかに今でもそういおうと思えばいえるでしょうけどね。

しかし、ハイデガーは、実際は、カトリック教徒であるよりもはるかにルター信奉者だったのです。彼はたしかにカトリック宗教の下で教育されました。カトリック神学の勉強もしました。しかし、じつは、神学を離れるや否や、教え始めるようになって以来、まるで偶然であるかのように、二〇世紀最大のプロテスタント神学者の一人ブルトマンと一緒だったのです。ハイデガーのカトリシズムは、〔彼の個人史においては〕とても遠くにあるものであって、いわばマルクスのユダヤ起源のようなものです。彼に刻印を残すようなものではありませんでした。

ところで、ヨーロッパにおいては、事情は複雑です。〔カトリシズム、プロテスタンティズム、ギリシア正教だけではなく〕以下のようなユダヤ教〔の歴史〕もあるのです。西欧においては、カトリック教会の支配の末期、異端審問の末期、つまり、ポルトガルからスペインへ、スペインからイタリアへ、イタリアからフランスへとユダヤ人を連れ回す組織的な強制移送（ただし、何人かの君主や教皇は、ユダヤ人が彼らの銀行家だったことから、庇護しつつということはありました）の終わりの時期に、ユダヤ人は、いたるところで駆り立てられ、南仏やボルドー（ここには大きなユダヤ社会がありました）、バスク地方、アルザスに逃れました。このようなユダヤ教〔の歴史〕があるのです。

しかし、このユダヤ教においては、ユダヤの伝統の代表者たちのほとんどが、彼らの住みついた国の文化に統合されました。とくにドイツのユダヤ人について人々がいつもいうことですが、彼らはドイツ人以上にドイツ的です。ベンヤミン、あるいはアドルノ、ブーバーは、誰よりもドイツ的です。〔それとは対照的に〕東欧においては、ユダヤ人は、やはり、とても閉ざされた社会のプロレタリアートであったし、多くの場合農民でした。アルザス地方にもユダヤ人農民はおりましたが、アルザスの場合は、同化もありました。

一九一七年の革命においても、トロツキーなど数人のユダヤ人が登場しました。ここでもまた、ただちにギリシア正教派のロシア的ロシア人とのあいだでとてもまずい展開になりました。スターリンは、トロツキーがユダヤ人だったから排除したのです。陰謀説をでっちあげて、取り巻きのユダヤ人すべてを排除しようとしたときのように。

宗教問題の現代性

その次にくるのが、最近の、ボスニア‐コソボにおける戦争ですが、これはオスマン・トルコ帝国の歴史と関連しています。両国は、オスマン帝国の支配が極めて長期間保たれた国であり、スラブ公認のイスラム教、つまりアラブ系イスラム諸派――アラブのイスラムは一つだけではなく、複数だったから私はこういういい方をします――とは何の関係もないオスマンのイスラム教に改宗しています。彼らは〔じつに長い期間にわたって、すなわち〕オスマン帝国の末期以来、少なくとも、ギリシアの解放――バイロンの闘い、そして、ヘルダーリンの『ヒューペリオン』――以来、そして、それに続く、バイエルン王国によるギリシアの支配、完全にトルコ化されていたギリシアの再ギリシア化、等々の時期を経て、ごく最近の戦争にいたるまで、彼らはたとえてみれば、コラボ〔ドイツ占領時代の対独協力者〕の継承者のようなものとみなされてきました。たとえば、ナチが二世紀、三世紀のあいだフランスとヨーロッパを支配したと考えてみてください。その後、フランス内部、あるいはバスク人のあいだで戦争が起きているようなものなのです。なんらかの理由があって抵抗した人たちと、そうでない人たち、改宗を拒んだ人たち、ナチ政府に協力した人たちとそうでない人たちのあいだで争いが起きる……。こういった現実があり、それはけっして止んだことがないのです。たとえば、チトーが、一種のうわべだけのマルクス主義を助けにしてでっち上げた連邦（これはあまり利口なものではありませんでした。たしかに、自己管理による党－国家〔一党独裁〕という点では相当な進歩ではあったのですが、やはりレーニン主義のモデルにとどまっていました）、この連邦が消え去るやいなや、いささか人工的だった政治体制が瓦解し、ただちに古い争いが再開されました。こうしてつくり直されることになった分裂、それはまさに〔かってのような〕宗教的な分裂だったのです。

〔宗教的という点では〕同様に、ベルリンの壁を崩壊させたのは、ルター派教会、つまり東ドイツのザクセン、ポンメルン、プロイセン地方などのプロテスタント、つまり教会どうしの平和な連合だったのです。ルター主義が、ソ連的支配、つまりマルクス・レーニン主義に抵抗したのです。内部からの抵抗運動をしたのは彼らでした。その際、この抵抗運動に世界中からの介入者が加わったおかげで、またソ連帝国の自己崩壊のおかげもあって、圧力は相当なものだったのです（ソ連の崩壊はやはり自己崩壊でした。驚異的な政治的知性の持ち主であるゴルバチョフは、当時起こりつつあったことをじつによく理解していました。他の連中がまったく何も理解していなかったにしても、彼はじつによく事態を見ていました。だからこそ人は彼を許さなかったのです！）。しかし、これらの運動において、忘れてはならないのは、「いつか平和裏に壁を崩壊させよう」といっていたのはルター主義者だったということです。

こういったことから、宗教問題についてはですね……たしかに教会からの相対的な興味離れ（デザフェクシオン）はありますが——私はむしろ、ある建物や駅の用途変更という意味での、教会の用途変更（デザフェクタシオン）といういい方を好みます——、それでもやはり宗教問題というのは重要であるといいたいわけです。それに、教皇の世界主義的政治をごらんなさい。これもやはり……彼はポーランド人ですが、機会あるごとに彼はそれを臭わせています。彼は死ぬまで辞任しません。これは明らかです。ポーランド人としての賭金があまりにも重要だからです[5]。彼は、ラテンアメリカに布教にいきます。アメリカの福音主義者たちに立ち向かっています。彼らがはびこっているからです。東方へ布教にいきます。東方の教会との対話を保持しようとしています。現在もこれは続けられています。

ハイデガーのヘルダーリン読解の欠陥

さて、当然あなたの名前はハイデガーと切り離せないわけですが、しかし、最初から一貫してハイデガーとの対決の姿勢を崩しておりません。たぶんこれがハイデガーを正当に評価しようとするあなたの姿勢なのだと思います。ところで、このハイデガーとの対決の構えは、本質的に、ヘルダーリンのハイデガーの読みに対して、あなた自身の読みでもって答えるというスタイルそのもののなかに認めうると思います。

先ず、ヨーロッパを問う際に、ハイデガーの重要性というのは、あなたにとっては、どこにあるのでしょうか。次に、ヘルダーリンへのあなたの一貫した愛着とヨーロッパについての問いとはどのような関係にあるのでしょうか。

ラクー＝ラバルト　あなたの言い方は正しいです。ハイデガーとの対決、これはハイデガーへのオマージュではありません。しかし、私はハイデガーの思考を、少なくとも当時の哲学という観点からいって、断然もっとも強力な、もっとも深い、もっとも大胆な思考であると今でもみなしています。これは歴然としたことであり、これ以上は繰り返しません。さて、私がハイデガーに対してとる留保、最初からの留保というのは、もちろん政治的留保です。ナチズムに近かったという理由が一方にあります。しかしそれと同時に、ハイデガー思想の、いわば、ドイツ的な意味における、すこぶる「保守革命的」な性格[6]ゆえです。この性格は啓蒙主義やコスモポリティズムに対して、ある程度までは知的自由、少なくとも政治的・知的自由に対して、敵対する思考だからです。ハイデガーにはプラトン的な一面があって、これが私を苛立たせるのです（フランスにもこの代表者たちがいます。根づき、定住化といったようなことを口にする連中が[7]）。ハイデガーはいいます。やれ農民の終焉である、やれ新石器時代を懐かしむ云々と。それでも結構なのですが、でも新石器時代はやはり終わっています。いささか逸話を語るようないい方をしましたが、〔一面では〕かくも敬虔な思考のなかに、やはり私を苛立たせるものがあります。とくに三〇年代に、ドイツかしからずんば死か、ドイツか、カントロヴィッチ的「祖国のための死」[8]か、といった英雄‐悲劇主義的な大スタイルで語られていた思考が、シーソーのように揺れうごいて、四五年には突如として和らいだ言辞を弄するようになります〔このことが私を苛立たせるのです〕。四五年の『貧しさ』というテクストのなかで、ハイデガーはコミュニズムについて語っていますが、これは極めてよく事態を明瞭にしてくれると同時に、私を苛立たせるものでもあります。（しかもそれがフランスのハイデガー主義によって大いに増幅させられたわけで、まったくうんざりさせられる代物です。そもそもフランスのハイデガー主義者たちというのはアルチュセールの時代のスターリン主義者たちみたいな行動をとっている連中なのです。私は精神の自由を好みます。[9]）

この『貧しさ』というテクスト、これは戦後彼がフランス当局に教職権を停止される直前に行った講演なのですが、ストラスブールのハイデガーの友人で、ハイデガーの家族をよく知っていたリュシアン・ブラウン[10]を通して出版の話が持ち上がりました。その彼に対して「きちんと訳せる人がいるのなら、どうぞきれいな対訳版で出して下さい」とハイデガーの息子はいっていたのです。でも結局ジャン・ボーフレの教え子たちによって完全に押収されてしまいました。なんともやり切れません。私がハイデガーに対してある種の距離化をはかってきたのは、一つにはこれがあったからなのですが、この距離化は、本質的に、彼のヘルダーリン読解に集約されました。なぜなら、彼が——私には自明であると思われる諸理由から――、フライブルク大学の学長を辞任した後にやった最初の重要な仕事、政治的に重要な仕事というのは、ヘルダーリンの読解、ヘルダーリンの註解だったと思うからです。この辞任の重要性を過小評価してはなりません。ナチのような体制にあっては、学長職を、けたたましい音を立てて辞任するというのは大変なことだったのです。なにせ、国民社会主義の側に与して学長となった、ドイツ最大の思想家という敬意を享受していた人物の辞任だったのですから。学長の仕事を十カ月間務めた後に、突如「否」といいました。これはやはり強烈な挙措です。フランスで「ナチのハイデガー」などといっている連中には、じつはそのことが分かっていないのです。たしかに彼は極右の人間です。しかし、ナチとの断絶はやはりきわめて明瞭でした。あらゆる面でというわけではなかったにしても、ナチの体制がとった行動とは断絶しました。その断絶にはヘルダーリンが一役買っていたのだといえましょうが、しかし、むしろ私としては、ハイデガーにとって、ヘルダーリンが「過渡対象」、「転移対象」だったのだといいたいところです。それ以前に重要だったのはニーチェでした。一九三〇年以前のハイデガー思想の超右翼的性格は、じつは彼のニーチェ主義からきているのですが、このようなニーチェ主義というのは、マルクス主義かニーチェ主義かといった、おそらくもっとも広く流布していた大学イデオロギーのなかに見られたものだったのです。当時展開されていた闘争はこれだったのです。三三年の時点では、『存在と時間』の時期にそうだったように、彼は依然としてニーチェ主義者でした。しかし、突如、何かがダメだということに気づきます。つまり、ナチの踏み外しというのはニーチェ主義に責任があるのだということに気づきます。ナチの党員たちは全然わかっちゃいない、「運動」の精神的取り戻しの試みの一切に対して、彼らにはまったく関心がないのだということに気づき、事実そのようにいいもしました。その時、来たるべきドイツの英雄、範例、それはニーチェではないということに思い至ったのです。彼の真の政治はヘルダーリンのなかに求めるべきだと私は思います。

私がヘルダーリンを読み始めたのは、中等教育の最終学年のときでした。ほどなくしてハイデガーの註解を、たどたどしい歩みで、読み始めました。その意味では私のやったことというのは、ヘルダーリンそのものについての読解というのではなく、いわばハイデガーがやった読解についての読解でした。自分なりに思い切ってやってみた解釈の試みは、もっぱらハイデガーへの返答、ないしはハイデガー的読解にみられるいくつかの欠陥を埋めようとする試みでした。たとえばハイデガーは、ヘルダーリンがなしえた仕事に対して聞く耳を持ちませんでした。ヘルダーリンが、――彼の経歴は短いものでしたから、相対的にいって――かなり長い期間にわたって、まずは『エンペドクレスの死』、次にソフォクレスの演劇というふうに、悲劇をめぐって書きえたものに対してハイデガーは何もしていません。彼はとても選別的な読み方をしています。

コミュニズムを論じた『貧しさ』

私にはヘルダーリンの読みを刷新するつもりなどありませんし、その能力もありません（私はそれをなせるほど、文献研究という専門的な意味では、十分にゲルマニストではありません。ただし、ヘルダーリンの専門家の仕事を注意深く参照してはいます）。しかし、ハイデガーの読みがどこではっきりとダメなのかを見極めようとしてはおります。彼の読みは、政治的、存在論‐政治的賭金によって、（アルチュセールの表現を借りれば）「多元決定」されているのです。しかし、さっきあなたに話した『貧しさ』というテクスト、たぶん近々その翻訳を出せると思うのですが、このテクストは、さっきいったシュヴァーブが書き写した筆記帳の一冊から引き出してきた〔「構想」というヘルダーリンのテクストの冒頭にある〕一文章をもとにして作成されたものです。この筆記帳は、一九二六年に、あるドイツの文献学者によって見つけ出され、その時点で出版されましたが、〔後に〕ナチの時代公認のバイスナーによって受け入れられます。バイスナーは、〔いくつかの新しい〕テクストが発見されたことから、新しい全集を創刊し、〔ヘルダーリンの作品であるという確証のえられない〕テクストすべてを「疑わしい」という項目の下に分類しました。ですから、このテクストがヘルダーリンのものであるのかどうかは分かっておりませんでした。（「ドイツ観念論最古の体系プログラム」のケースに似ています。こちらも、いったい誰のものか、シェリングのものか、ヘーゲルのものか、ヘルダーリンのものか、それは分かりません。筆跡はヘーゲルのものなのですが、文体はヘルダーリンで、しかもそれについて語ったのはシェリングだけなのです。）

ハイデガーが『貧しさ』のなかで引用しているたった一行の文章とは、「私たちは、豊かになるために貧しくなった」という文章です。これ〔このたった一つの文章について書かれたハイデガーのテクスト『貧しさ』〕は、貧しさという主題についての、一九四五年という時点における変奏〔つまりハイデガーが自分の時代に置き換えて語ったもの〕です。「貧しいこと」とは、そして「豊かである」とはなにを意味するのか。それは、ドイツ人民の運命、そしてコミュニズムと呼ばれるもののことなのか。一九四五年、占領下のベルリン、いつでも進撃できるソ連軍。このテクストが読み上げられたのは一九四五年六月だったと思います。ハイデガーは、その原稿を出版はしませんでした。

彼は、このテクストの途中で、こんなことをいっています。「ロシア人とは我々が思っているような人間ではない。ロシアのコミュニズムは粗雑な唯物論だが、実際には、ロシアの精神的伝統はまったく別のものなのだ。そして、皆さんにいいたいのだが、ロシアの真の精神的伝統、これはヤーコプ・ベーメ、シェリング、ヘーゲルから来ているのであり、従って、ロシア人とは、われわれ同様、ドイツ人なのです、間違ってはいけません（笑）。コミュニズム、これは浅薄です[11]」と。

しかし、ヘルダーリンの〔「構想」という〕このテクストは、歴史的局面を記述したテクストなのです。なぜかというと、さっき言及した「コミュニズム」、すなわち、一六世紀の前衛的なルター主義的神学においていわれたような、そして、ヘルダーリンが、彼の時代にもなお、同じ表現で語ったような「現世における神の王国」、それが、まさに、全員が聖職者であること、つまり「普遍的な聖職」だからです。

ヘルダーリンのこのテクストが記述している歴史的局面は以下の通りです。第一局面は、君主制、古代人。第二局面は、中世、ヘルダーリンはこれを立憲君主制と呼んでいます。第三局面は、共和制で、彼はそれに「一般化された普遍的な聖職」と注記していますが、これはほぼ文字どおりヤーコプ・ベーメからの引用です。そして、このテクストは一九二六年の最初の編者によって出されたときと同じように――バイスナーは、たんに「疑わしい」としつつ、そのまま出しました――、このヘルダーリンのテクスト〔「構想」〕のすぐ隣りに「精神たちのコミュニズム」があり、こちらはずっと長くて、三、四ページのものなのですが、これは、「中世」に相当する物語（レシ）の冒頭に当たるものです。いささか奇妙なテクストで、「キリスト教世界」[12]についてノヴァーリスが書いたものじゃないかといってもおかしくないようなテクストなのですが、普遍的聖職の理念についてのものでもあるのです。

ところで、ハイデガーは、真のロシア人とは、実際には、ドイツのプロテスタントのことなのである、ということをいうために、まぎれもなくロシアのコミュニズムについて語っているにもかかわらず、一瞬たりと「精神たちのコミュニズム」については語っておりません。彼は〔ヘルダーリンが言及している〕三つの時代については一言も発しておりません。ハイデガーは、「歴史について語る時にはいつでも、ヘルダーリンは、遠大な時間においてそれを考えている」とだけいって、自分が註解しつつあるテクストのなかに書かれているものについては語らないのです。彼は、「私たちは豊かになるために貧しくなった」という文章だけを切り離しています（シュヴァープの手稿のなかでもいささか切り離されてはいます）。

ヘルダーリンの神話化への批判

彼がどんなテクストの読み方をしているかというのがお分かりになったと思います。一九四五年に、貧しさ‐豊かさについてのテクストを自分が選び出してきたのは、このテクストが、ヘルダーリンの時代における歴史哲学のなんらかの状態に結びついたものだからである、というふうにはハイデガーは、一瞬たりともいわないのです。たしかに、冒頭で、そのことについて言及はしているのですが、この歴史哲学が何にもとづくものであるかについてはいっておりません。このテクストが「精神たちのコミュニズム」と呼ばれるコミュニズムについてのテクストと並置されているということについてもいっておりません。いっておりませんが、このテクストを読んで、それがコミュニズムについて語ったものであり、ここでいうコミュニストとはベルリンにいる人間のことなのだということはよく知っていたわけですから、彼は、なすべきことをすべて承知の上でそうしているのです。

彼はヘルダーリンについてはいつもこうなのです。何かを選び、引き離し、自己流に別個に扱うのです。『貧しさ』は、とても短いテクストですが、非常に強力で、密度が高く――存在への関係は何か？　自由への関係は何か？　等々――、これらはすべてヘルダーリンについての註解なのですが、とても〔ヘルダーリンのテクストから〕かけ離れており、テクストの引用一つない、正確な出典指示もない、純ハイデガー的なものです。彼はヘルダーリンに関してはいつもこうしていたのだと思います。

この点がおそらくハイデガーに対する私の最大の対立点です。彼はいつもヘルダーリンを利用しようとしたのです（それは、ハイデガーと同時代のニーチェ主義者たちが、ニーチェを利用したやり方に似ています。つまり、〔彼らが目指したのは〕ナチズムのなかに、一つの新しい宗教の基礎を権威づけうるもの、それに向けていつか進みうるかもしれない可能性を見出すことでした）。ハイデガーはヘルダーリンを神話的に処理しているのであり、いくつかの思想的格言を彼自身の言説へと翻訳し、練り上げること、それが彼の興味を引いているのだと思うのです。この点については詳しく研究したことがありません。晩年のハイデガーが構築したテーマ、四方域〔Geviert〕、聖アンドレの十字架、死すべきもの - 不死のもの、地 - 空……に関するテクスト[13]に対して過分に好意的な研究書がありすぎるからです。たとえば、マテイの最近の本[14]などです。

たしかに、私はこれらのテーマについては書いたことがないのですが、しかし、この何か宗教的なものを再建しようとする偏執的な試みのなかにいるハイデガー、そういうハイデガーに対してこそ私はもっとも遠いにちがいないというふうに感じています。ただし、〔一応私も宗教教育を受けたことのある人間ですから〕「宗教はなしですませうるのだ」といおうと思っているわけではありません。カルヴァン派の教育を受けた私のなかに残っているもの、これはローマカトリックに対する大きな不信感です。これは明らかです。しかし、〔いずれにしても〕ヨーロッパないし西洋にとっての大まかな――なぜ大まかかというと、ハイデガーにおいてはこれは大まかだからです――一つの詩的・神学的・哲学的なものを基礎にした一つの別の宗教のごときものを構成する可能性、それを私はとくに信じません。

（二〇〇二年八月三一日　於サンテティエンヌ・ドゥ・サンジョワール）

訳註

（1）ルターと脱構築との関連についてのデリダの発言は、Dominique Janicaud, *Heidegger en France II*, Entretiens, Paris, Albin Michel, 2001 の一〇四―一〇五頁参照。

（2）Jacques Derrida, *Spectres de Marx*, Paris, Galilée, 1993.（『マルクスの亡霊たち』増田一夫訳、藤原書店近刊）

（3）これは、アンドレ・コント＝スポンヴィルのベストセラーの書名。André Comte-Sponville, *Petit traité des grandes vertus*, Paris, Presses Universitaires de France, 1995.『ささやかながら、徳について』中村昇・小須田健・C・カンタン訳、紀伊國屋書店、一九九九年。

（4）*Penser l'Europe à ses frontières*, La-Tour-d'Aigues, L'Aube, 1993, p. 76.

（5）現在、ポーランドがカトリックの最大の拠点国であるという事実を含意した発言であると思われる。

（6）この点に関しては、『政治という虚構』浅利誠・大谷尚文訳、藤原書店、一九九二年、三一一頁に短い言及がある。

（7）参考のため、「国民社会主義の精神とその運命」（『他者なき思想』浅利誠・荻野文隆編、藤原書店、一九九六年、三八頁）の一節を引用しておこう。「故郷〔＝祖国〕喪失 Heimatlosigkeit（あるいはバレスからモーラス、またそれ以降のフランスの右翼思想の語彙に翻案すれば『祖国喪失（デラシヌマン）』）のモティーフ」。

（8）エルンスト・カントロヴィッチの著作のタイトルは、『祖国のために死ぬこと』（みすず書房、一九九三年）。

（9）ハイデガーの受容をめぐるきわめてショッキングなフランスの事情については、臨場感あふれる証言（インタビュー）集ともいうべき前掲書の参照をお勧めする。Dominique Janicaud, *Heidegger en France II*, *op. cit.*

（10）ラクー＝ラバルトが国家博士号取得のために書いた論文（これが『政治という虚構』のもとになったテクストである）の指導教官。

（11）これは、もちろん、文字どおりの引用ではなく、ラクー＝ラバルトがハイデガーの一節を、かなり忠実に、そして概略的にいい直したものである。

（12）「キリスト教世界、またはヨーロッパ」『ノヴァーリス作品集3』今泉文子訳、ちくま文庫、二〇〇七年。

（13）この点に関しては、『政治という虚構』前掲書、三一頁、三二四―三二五頁が多少の参考になる。

（14）Jean-François Mattéi, *Heidegger et Hölderlin — Le Quadriparti*, Paris, Presses Universitaires de France, 2001.

〈解 題〉

「貧しさ」――ある詩的断片の伝承をめぐって

西山達也

フィリップ・ラクー＝ラバルトは、アナ・サマルジャとの共訳により独仏対訳で刊行したハイデガーのテクスト『貧しさ』（*Die Armut / La pauvreté*）に長大な「序説」（本書では「『貧しさ』を読む」と改題）を付し、そのなかで、ヘルダーリン、マルクス、ハイデガーという三人の人物が登場する奇妙な場面を演出している。それは一篇の詩的断片の伝承の場面である。その断片はヘルダーリンが執筆したとされるものであり、「精神たちのコミュニズム」という題名が付けられている。ハイデガーは、当時刊行されたばかりの全集版（ヘリングラート版、第三版）のなかにこのいわくありげな断片を見いだし、独創的な仕方でこれを解釈している。彼はこの断片を解釈するにあたり、当然のこながら「コミュニズム」という語につきまとうマルクスの影を追いはらうことができずにいる。あるいは彼がこの断片を選択したのは、ヘルダーリンとマルクスを並行して読解することを企図してのことであったのかもしれない。いずれにせよ、「貧しさ」の問いのもとに、この二人の偉大な「預言者」が召喚されているのである。

そもそもヘルダーリンとマルクスという取り合わせ自体は、それほど意外性に富んだものではない。両者を併読するという試みは、二〇世紀前半における保守思想の平均的な企図に合致するものでさえあった。たとえばトーマス・マンは一九二七年の時点で、次のように述べていた。「何が必要であるか、何が終局的にドイツ的なものであるか、それは保守的な文化観念と革命的な社会思想との——簡潔な一語で言うならば——ギリシアとモスクワとの、同盟であり協約であろう。(…)カール・マルクスがフリードリヒ・ヘルダーリンを読み終えたときに、はじめてドイツはよくなるであろう、そしてドイツはきっと自己を見いだすであろう。そして両者の遭遇は今まさに行われようとしている」(1)。おそらくハイデガーにもこのような平均的企図に共鳴するところがあったのかもしれない。だが、ハイデガーによるマルクスとヘルダーリンの併読の仕方は錯綜している。彼はヘルダーリンの詩的断片「精神たちのコミュニズム」に耳を傾けることで、同時に、そのうちにマルクスの声を聴き取り、最終的には、ヘルダーリンの声とマルクスの声を区別する必要のなくなる次元にまで到達しようとする。この試みの成果を凝縮させたのが、「貧しさ」と題されたテクストである。

講演「貧しさ」は、ハイデガーの数多くの講義・講演群のなかでもまだあまり知られるところとなっていないテクストであり、一九九四年に『ハイデガー研究』誌で公表されたのち、クロスターマン社より刊行中の全集にもいまだ収められていないテクストである。もとは一九四三―四四年に執筆された草稿群の一部であるようだが（フォン・ヘルマンによる編者後記を参照）、これが公的な場――とはいえフライブルク大学哲学部の疎開講義という半ば非公式な場であったが――で発表されたのは一九四五年六月二七日のことである。この日付は二つのことを意味する。第一に、この講演は、ドイツ第三帝国の崩壊と戦争終結、占領、分断、そしておそらく食糧不足、配給難といった外的状況のもとで行われたということ。そして第二にこの講演が、戦後ハイデガーがフライブルク大学での教職を停止される前の最後の講演だということである。これらの事実がハイデガーの伝記研究者たちの関心をかきたて、オットやザフランスキー、あるいはペゲラーらが調査を遂行した。

「ドイツの破局」という歴史的運命とハイデガー自身の個人的運命が重なり合うこの特殊な状況下において、講演「貧しさ」は、ヘルダーリンの詩的断片――正確に言えば「精神たちのコミュニズム」と一体をなす「構想」という歴史的素描――から抜粋されたひとつの「箴言（Spruch）」を注釈する。

我々においては、すべてが精神的なものに集中する。我々は豊かにならんがために貧しくなった。

すべてがヘルダーリンの草案から始まる。

「貧しさ」の歴史プログラム

「精神たちのコミュニズム」は、晩年のヘルダーリンの友人であり、一八四六年に最初の『全集』を編纂した人物であるクリストフ・シュヴァープの書類のなかから発見されたテクストのひとつである。一九二六年にフランツ・ツィンカーナーゲルによって『ノイエ・シュヴァイツァー・ルントシャウ』誌に「新発見」として発表されたのち、[2]ノルベルト・フォン・ヘリングラートの全集第三版（ハイデガーが参照しているのはこの版である[3]）およびフリードリヒ・バイスナーの編によるシュトゥットガルト版全集に収められたが、[4]バイスナーの版では「疑問資料〔Zweifelhaftes〕」という項目に分類されることになる。バイスナーによれば、シュヴァープによって集められた資料のなかには彼自身が転写したものが多く含まれ、さらにそのなかには彼自身によって、あるいは他の誰かによって模作されたものも含まれているという。

そもそも「精神たちのコミュニズム」というタイトルからしてすでに、文献学徒でなくとも、「怪しい」と勘繰りたくなるのは当然であろう。バイスナーの指摘によれば、このタイトルは、ツィンカーナーゲルによって発見された紙片の片隅に不自然に記載されているらしい。たとえばヘーゲル学者のジャック・ドント——彼は「精神たちのコミュニズム」をめぐるバイスナーの過度な文献学的慎重さを批判するために論考を発表している[5]——によると、この草案をシュヴァープがヘルダーリンから引き受けたとされる一八四〇年代（ヘルダーリンの晩年）に、ドイツ語では一般に「コミュニズム」という語がKommunismusと綴られていたのに対し、この草案ではCommunismusと綴られており、これは、まさにヘルダーリンが草案を執筆したとされる一七九〇年代当時の綴りだという。しかしそもそもヘルダーリンがこの草案を執筆したとされる一七九〇年代には、「コミュニズム」という語の使用自体がきわめて稀であり、語義の解釈には慎重を期すべきである。この時期には、バブーフ主義の用語として「コミュノティスト」という使用例があるようだが、ヘルダーリンがバブーフ主義と具体的にかかわりをもっていたか否かはともかく[6]、ここでのヘルダーリンの（ものとされる）「コミュニズム」という語の使用はきわめて独創的かつ先駆的な使用例であることは間違いないようだ。したがってこの「精神たちのコミュニズム」というタイトルは、それ自体、通常の歴史学的な時間軸上では適切な場所をもちえないという意味で、ユートピックな時間に属しているのである——それゆえにまた、この詩的断片は、「預言」ないしは「箴言」としての潜勢力を獲得するのであり、この潜勢力は、文献学的な確実性が減少すればそれに反比例して増大する性質のものなのである（もちろんこの反比例の関係を最大限に活用したのがハイデガーである……)。

このような預言的ないし箴言的な性格は、「精神たちのコミュニズム」というテクストが提示する独特の歴史プログラムによるものでもある。その歴史プログラムは、ヘルダーリンが初期のヘーゲルとの密接な交友(フランクフルトおよびホンブルクで交わされた)のうちで着想したものである。たとえば、「精神たちのコミュニズム」を「発見」したツィンカーナーゲルは、この草案の内容を、次に引用するヘーゲル宛書簡で予告されている草稿に関連づけている。(7)

君が宗教概念について研究を始めたことは、たしかに種々の点でよいことだし、重要だ。摂理の概念を、君は、カントの目的論とのまったき類似においてとり扱っている。カントが自然の仕組を(したがってまた運命の仕組を)、自然の合目的性と結合する仕方には、真に、彼の体系の全精神が含まれているのだと思う。(…)僕は、ずいぶん長いあいだ、民族の教育〔Volkserziehung〕の理想について考えてきたが君はちょうど、その宗教的な面について研究しているのだから、僕は、心のなかに浮かぶ君の姿や友情を、思想を外的感覚世界へと導く導体として選び、たぶんもっとあとになったら書いただろうと思うことを、おそらく適当な機会に手紙で書くことになろう。それを君に批判し正してもらいたいと思っている。(8)

ここで予告されている書簡体の論考というかたちでは実現しなかったが、これを対話形式の設定で仕上げようとしたのが「精神たちのコミュニズム」ということになるのだろう。ヘーゲルとヘルダーリンの関係といえば、「精神たちのコミュニズム」が発表された十年前に、すでにローゼンツヴァイクによって「ドイツ観念論最古の体系プログラム」が発表されている（一九一七年）。この断片も執筆者をめぐって長年の論争が展開されてきた断片である（ヘーゲルの執筆、シェリング、ヘルダーリンが執筆に深く関わったとされる）。だがそもそも、なぜこのような執筆者をめぐる論争が生じるかといえば、この断片もまた、ヘーゲル、シェリング、ヘルダーリンというテュービンゲン大学神学寮（シュティフト）の同僚たちによる「思弁的観念論」の創設の原場面を物語っているからである。ローゼンツヴァイク自身が付けた「最古の体系プログラム」という題名も、そのような原場面のもつ特異な時間性を見事に言い表している。一方、「精神たちのコミュニズム」の舞台設定もまた、テュービンゲンの同僚たちの精神的風景を彷彿とさせるものである。実際、この対話の断片のなかで描かれている礼拝堂訪問の散策の情景は、ヘルダーリンが神学校（シュティフト）の在籍期にヘーゲルらとともに企画したヴルムリンゲンの礼拝堂の散策（一七九〇年）をもとにしているという説もある。[9] いずれにせよ、「精神たちのコミュニズム」は、「体系プログラム」と同様、ドイツ観念論の生成の場面を証言するドキュメントであることに間違いはないのである。

ところで、「精神たちのコミュニズム」という草案はある特殊な歴史プログラムを素描していると述べたが、そのプログラムの輪郭は、「ドイツ観念論最古の体系プログラム」との読み合わせによって確認することができる。「精神たちのコミュニズム」が、牧歌的な場面設定や中世キリスト教に対するノスタルジックな語調で書かれているのに対して、「体系プログラム」はどちらかというとアジテーションにも似た急進的な語調（「国家の廃棄」、「理性をよそおう司祭階級の追放」）で書かれているという違いはあるにせよ、両者はともに、ある歴史的な危機という状況に対応しつつ、「精神による精神に応じての行動への呼びかけ」（本書六三頁）を遂行しているという共通点をもつ。「精神たちのコミュニズム」で述べられている教会的な共同性（コイノーニアー）、あるいは「理念的な意味での修道会制」の喪失と、それに代わるべき新たな「制度」の創設は、「体系プログラム」では新たな宗教、「感性的な宗教」の創設の使命として記述されている——その際に「詩」は「人類の教師」の役割をになわされる。「精神たちのコミュニズム」の冒頭で描かれている、旧来の宗教と学知のあいだの密接な紐帯の喪失の意識は、「日没」というメタファーによって描写されているが、ここには失効しつつあった「啓蒙」の理念をめぐる政治的・歴史的判断を読み込むことも十分に可能である。「我々が理念を美的な、すなわち神話的なものにしないかぎりは、それは民衆にとって何の関心もなく、また逆に神話が理性的なものでないかぎりは、哲学者はその神話を恥じるにちがいない。こうして最後に啓蒙された者と啓蒙されない者とが互いに手を差し伸べることが必要なのである」（「体系プログラム」[10]）。「精神たちのコミュニズム」では、このポスト啓蒙の意識が、明示的に、歴史的な断絶として記述されている。「歴史をより深く体験すればそれだけ、この夢からの覚醒は我々を激しく揺り動かす。こちら側とあちら側は深淵でへだてられている」。問題なのは、「あの時代から我々に伝承されたもの」、「死せる質料」、つまり古い神話（ミュトス）を復活させることではなく、「そのなかであの時代が生じた形式、あるいはエネルギーと一貫性」――「新たな神話（ミュトロギー）」――を創出することである。この「形式」こそが、「根源的な旋律の調べを個々の変奏のうちにしっかりとどめる」役割を果たす。

そういうわけで、あの時代と我々の時代とを比較してみたまえ。君はどこに共同性を見出すだろうか。かくも多くの壮麗なものをあちらの国から運んでくるような橋が、どこにあるのか。

これらの問いは、共同性の喪失の認識を表明するとともに、その古い共同性からの切断を共同で遂行することへの呼びかけ、つまり新たな共同性の創設への呼びかけとして機能する。[11] とりわけそれは、一八世紀の最後の十年間に歴史の現実において進行していた政治的・宗教的・思想的闘争（フランス革命における「革命的諸宗教」の創出、フィヒテと無神論論争〔Atheismusstreit〕、新たな歴史的意識の萌芽、等々）といった文脈のうちにおかれるべきマニフェストなのである。これら一連のプロセスのなかで、シェリング、ヘーゲル、ヘルダーリンらとシュレーゲル兄弟によるイェーナ・ロマン派とが同時期に共有した主導理念が、「新たな神話」である。そして「精神たちのコミュニズム」は、こうした歴史的な状況下において、古い神話の喪失から新たな神話の創設への移行を歴史哲学的なパースペクティヴから描こうとした草案なのである。

　このようなテクストが二〇世紀における「ヘルダーリン神話」の（再）創出という文脈において重要な役割を果たしたのは偶然ではない。とりわけハイデガーにとって、ヘルダーリンは「夕暮れの国（ヘスペリア）〔＝西洋〕」の歴史的命運を告げる詩人にほかならず、「精神たちのコミュニズム」における日没の舞台設定は、この哲学者にとってのヘルダーリン像に合致するものであったはずである。しかしながらハイデガーは、日没の舞台設定それ自体が草案のしるされた歴史的状況にかかわるものであること、すなわち、「革命的共和主義」の到来にかかわるものであることを指摘せずに、この草案の歴史プログラムをみずからの属する歴史的な状況へと無媒介に接合する。その際、彼がヘルダーリンの詩的断片のもつ箴言的‐預言的潜勢力に依拠していることは先に述べたとおりである。一九四五年六月、「ドイツの破局」という舞台上で、ハイデガーはいかなる歴史的洞察をヘルダーリンの「箴言」から引き出そうとするのだろうか。

コミュニズムの問い

一九四五年六月という日付をしるされた講演の冒頭で、ハイデガーは、ヘルダーリンの「箴言」のなかで語られる「我々」がいったい誰であるのか、そしていかなる時間に属するのかを問いなおすことから始める。「我々」が指し示しているのは、はたしてドイツ人のことなのだろうか――しかしそもそも、ヘルダーリンが生きた時代、どこに「ドイツ」なるものが存在したのだろうか――、あるいはヘルダーリンが生きた当時の「ヨーロッパ人たち」のことなのだろうか。しかしヘルダーリンの言う「我々」は、彼が時代診断を下している時代を生きる人々（die Heutigen）としての「我々」ではない。ヘルダーリンは「遠大な時間のうちで思索している」からだ。彼が「我々は貧しくなった」と言うときの、この貧しさは、ヘルダーリンが生きた時代の人々が経験した「貧しさ」を指し示すのみならず、「今日の」、つまりハイデガーの生きた時代の、あるいはそれを読む「我々」の貧しさを、つまり「破局」を指し示すのか。あるいはここで語られている「貧しさ」は、ヘルダーリンの生きた時代にもハイデガーの生きた時代にも属さない、クロノロジックな時間軸上には存在しない、いつの日にか到来する「貧しさ」を指し示しているのだろうか。

ヘルダーリンの「箴言」が内包しているこのような時間性を、ハイデガーは、「遠大な時間」、「予感する（ahnen）」、「あるとき（einst）」といった語によって示唆している。そしてこのような時間性において、ヘルダーリンは、二〇世紀における「ドイツの破局」をあらかじめ告げていたのだとされる。しかも「ドイツの破局」が単純にドイツ人だけの問題ではなく、「夕暮れの国（ヘスペリア）」の全体にかかわる問題であったということも、ヘルダーリンの「箴言」はあらかじめ告げていた。講演の冒頭と結論部で、二度にわたって、ハイデガーはヨーロッパ的な次元での思索の必要性を喚起する。講演の冒頭では、詩人が「諸民族の暦年」を予感する、と言われる。また結論部では、「貧しさ」という状況においての「ヨーロッパの諸国民」の相互対話の必要性が説かれる。だがそもそも、この詩人は三〇年代以来、ハイデガーにとって特権的な「ドイツの詩人」だったのではないだろうか。これについてラクー゠ラバルトが次のように説明している。「諸民族の自己省察と対話は、当然のことながら、ドイツ人の『統率』ないし『指揮』のもとでおこなわれる。（…）というのも、ドイツ人なしでは歴史についてのいかなる思索もない（あるいは歴史さえもない）という事実、また、そうした歴史において『本質のうちで呼び覚ましあう』『順番』が、いまやドイツ人に回ってきているという事実は、揺るがしえないものなのである」（本書八四―八五頁）。

ところで、一九四五年六月という日付に立ち戻るならば、「精神たちのコミュニズム」を読んでいたハイデガーは、「ドイツの破局」という歴史的現実に直面すると同時に、この破局において到来するもうひとつの歴史的現実に応答しようとしていたことは明白である。それは、当時の日付においてすでにドイツの東半分を占領していたソヴィエトの脅威であり、「現実のコミュニズム」が具現している精神的な危機である。たしかにハイデガーは、戦時下の講義や講演、さらには草稿群において、コミュニズムとソヴィエトの脅威、あるいはマルクス主義をめぐって幾度となく時局的な発言を繰り返している。だが、講演「貧しさ」において問題になっているのは、単に時局的な発言という以上のものである。ハイデガーが取り組もうとしているのは、コミュニズムにどのように対処するかではなく、コミュニズムの招来を可能にしている根拠としての「貧しさ」という状況をどのように思索するかである。

講演において「コミュニズム」への言及は二度なされる。一度目は、冒頭の状況説明のあとで、「精神」という語の来歴を説明する際に、それから二度目は、結論部でヨーロッパ諸民族の相互対話というアピールの直前である。この二度にわたる言及は、講演を構成する三層の入れ子構造のうちに厳密に配置されている。その三層とは、次のようなものである。第一に、冒頭の状況説明的な導入と結論部において、「我々」——ドイツ人、あるいはヨーロッパ諸民族——の問いが喚起され、全体の議論に外枠をはめる。第二に、この外枠にはさまれるかたちで、ついでながらの言及という外見を装いながら、コミュニズムの問いが配置される。そして第三に、中心部分では、貧しさをいかにして豊かさへと転じるか、つまり「必要（Not）」をいかにして転じるかをめぐって、その論理的母型が抽出される。分量的にはコミュニズムについての言及は僅かであるが、構造的には、コミュニズムの問いが講演の外枠を規定し、かつその核心部を触発しているかのような構成になっているのである。

とりわけ、コミュニズムへの一度目の言及は、それが「ヤーコプ・ベーメ」という固有名に関連づけられている点で注目にあたいする。あたかも、コミュニズムという語を第一に関連づけるべき人物、すなわちマルクスを素通りするためにベーメが召喚されているかのようでさえある。しかもハイデガーは、ヘルダーリンが「精神たちのコミュニズム」において提示している歴史プログラムの具体的な読解を一切経由せずに、ヤーコプ・ベーメに言及しているのである。ハイデガーは、ベーメからソロヴィヨフ、ロシア神秘主義へと補助線を引き、ロシア・コミュニズムさえも包含する「精神的なもの」の精神史的伝統を喚起する。しかしながら、これについてはラクー＝ラバルトの指摘が有益なのだが、「精神たちのコミュニズム」とベーメを関係づけるならば、もっと単純に、「万人司祭」というプロテスタント的な理念を媒介とすべきなのである。ラクー＝ラバルトによれば、「精神たちのコミュニズム」に付された「構想」は、古代・中世にひきつづく近代共和制を特徴づけるものとして「万人司祭」の理念を掲げているが、これは、ヘルダーリンが強い影響を受けたとされる敬虔主義に由来するモチーフなのである。もとはルターによって唱えられた「万人司祭」の理念は、教会制度への批判として、ドイツ農民戦争の主導者の一人トーマス・ミュンツァーを通じて革命的かつ終末論主義的な方向へと急進化され——「全般化された宗教改革」——、またヤーコプ・ベーメによって思弁的なかたちで表現された。ヘルダーリンは、シュヴァーベンの敬虔主義という思想的な背景をもつことによってベーメからの間接的な影響を受けており、敬虔主義における徹底した「批判」主義と先駆的なコミュニズムとしての「万人司祭」の理念の双方を受け継ぐことで、革命的共和主義の思想に接近していた。先に「精神たちのコミュニズム」を、イェーナ・ロマン主義と思弁的観念論との共通の思想圏における「新しい神話」のプログラムと関連づけたが、より正確にはこの草案は、敬虔主義に由来する徹底された「万人司祭」の理念と、イェーナ・ロマン主義の圏内における「詩的宗教」という二つの思想の交錯する地点（ラクー＝ラバルトは「万人詩人」という語でこれを表現している）において読まれうるテクストなのである。

これに対し「貧しさ」におけるハイデガーは、ヘルダーリンの歴史的洞察が問題になっているテクストを参照しながらも、そのつど、「万人司祭」の構想に関しても、「新しい神話」のプログラムに関しても、つとめて言及を避けている。しかし、ヘルダーリンの歴史的素描を参照しないことは、ハイデガーがこの草案から歴史性の本質を抽出することの妨げにはならない。むしろハイデガーにとって、ヘルダーリンの「箴言」にもとづいて歴史性の本質を解き明かすためにも、ヘルダーリンの歴史解釈を迂回する必要があったのだ。ここでの歴史性の本質は、「貧しさ」をめぐる逆転の論理において解き明かされることになる。

逆転の論理

ハイデガーは、「ドイツの破局」という歴史的舞台において、ヘルダーリンの「箴言」から思考しようとしたのは、まさしく破局的とも呼ぶべき逆転の、すなわち「転倒（Umkehrung）」ないし「転回（Umkehr）」の論理であった――そもそもギリシア語の「カタストロフェー」とは、単なる「悲劇的結末」ではなく、まさしく悲劇の大団円における破局的な反転を意味する（本書三七―三八頁）。実際、講演「貧しさ」の中心部では、ハイデガーはヘルダーリンの「箴言」の後半、「我々は豊かにならんがために貧しくなった（wir sind arm geworden, um reich zu werden）」を注釈しながら、逆転の論理――あるいは修辞戦略――を展開している。

講演の中心部において、ハイデガーは、まずは「貧しさ」の定義から出発する。それによれば、「貧しさ」は、差し当たっては、「持つこと」としての「豊かさ」と対比されたうえで、「持たないこと」と定義され、「必要なものを」「欠くこと（Entbehren）」と言い換えられる。しかしながら、貧しさは、「なしでも済む（entbehrlich）」ものを「ほしがる（Entbehren）」こととは異なる。貧しさの定義はただちに反転させられ、次のようになる。すなわち、「真に貧しく〈ある〉こととは、我々が何も欠いていないという仕方で〈存在〉することを言う」のである。だが何も欠かないだけでは真に貧しくあることはできない。「真に貧しく〈ある〉こと」とは、「不必要なものを除いては何も欠いていないという仕方で〈存在する〉こと」である。つまり「貧しさ」は、（1）一般には「必要なものを欠くこと」と考えられているが、（2）真に貧しくあることは、むしろ「何も欠いていない」ことである――ここに第一の転倒がある。（3）ただし、「何も欠いていない」というだけでは、「貧しい」ことの規定としては正確ではなく、「何も欠かずにいながら、不必要なもののみを欠く」と言うべきである――ここに第二の転倒がある。「必要なもの」は「欠く」にあたいするものではなく、真に欠くにあたいするのは、「不必要なもの」、過剰なもの、余計なもの、あるいは残余なのである。「真に欠いている」ことは、「不必要なものなしには〈存在〉できない」という仕方で「欠く」ことであり、すなわち二重の転倒のうちで倍加された欠如なき欠如である。この二重の転倒による倍加が、「貧しさ」から「豊かさ」への逆転を生み出す。

しかし、この転倒はいかにして可能になるのだろうか。ハイデガーの推論の要点は、この逆転の運動の原動力を貧しさ／豊かさ、必要／不必要、そして必然／自由の二項対立の内部に求めている点にある。

不必要なものとは何であろうか。必要なものとは何であろうか。必要であるとはいかなることなのか。必要とされる（nötig）のは、必要（Not）にもとづいて、必要を通じて到来するものである。ではいったい必要とは何なのだろうか。必要の本質は、この語の根本的意義にしたがえば、強制である。（…）したがって不必要なものとは、必要から到来するのではないもの、すなわち強制からではなく、自由な開かれから到来するものである。

不必要なもののみを欠くこと、それは自由の開かれからの到来に身を委ねることである。

自由にすることとは、本来的ないたわりのうちにある。解‐放されたものは、みずからの本質へと委ねられたもの、必要の強制から守られたものである。自由のうちにそなわった自由にするもの〔das Freiende〕が、あらかじめ必要を逸らし、反転させる〔ab- oder umwenden〕。

「自由」のうちに内在する解放力こそが、「貧しさ」の定義において展開される逆転の論理を可能にしていたのである。この自由の根源的な解放力は、自由と必然のアンチノミーをあらかじめ超え出てしまっている。「自由とはそもそも必要を転じること〔die Notwenden〕である、そして必要を転じることは、必然〔Notwendigkeit〕である」。ところでカント以降の形而上学は、「真の自由」をもはや「必然性、つまり当為の強制と、義務のための義務という空虚な拘束」としか規定することができなくなってしまった。すなわち、「自由が必然性の『表現』になる」のである（このような形而上学的な「自由」概念の使用の一例として、ハイデガーはユンガーの『労働者』を引用しているが、これについては後述する）。だがハイデガーは、こうした自由の規定を逆転させる。

しかしながら、転倒ということがより深く思索されるとき、いまやすべてがひっくり返る。自由が必然性であるのは、自由にするもの、つまり必要によって強要されないものが、不-必要なものであるというかぎりにおいてなのである。

したがって、「貧しさ」を思考するためには、まずなによりも「転倒」を本来的な意味で思考することが必要なのである。ここでのハイデガーの関心は、「貧しさ」そのものよりもむしろ「転倒」の論理を析出することに移ってしまっている。「転倒」が何であるかが思索されれば、すべてが「転倒され」、「自由にするもの」の解放への待機が成就する、つまり貧しさから豊かさへの転換が到来するのである。

しかしながら、このようにして「自由にするもの」による「必要」の転換それ自体がある種の強制力を発動しはじめるとき、こんどは転倒そのものが必然となる。「転じる」という運動のうちに一見したところ参入しえないように思われる残余、余分なもの、不必要なものこそが、ここでは必要とされる。いかにして不必要なものの必要性とその「到来」に身を委ねるかをめぐって、ハイデガーは、「貧しさ」の講演とほぼ同時期に執筆した未刊の対話篇[12]で次のように語っている。

年下の者　ですから我々にできるのは、待つことに身を委ねること以外にありません。

年上の者　そして、不必要なものがいたるところでまだ留まっているに違いない窮状（Not）を知ることです。

年下の者　我々には不必要なものの必要性が、まだわずかしか分かっていません。そのために不必要なものがまるで乱暴に委棄されているように見えるのです。

年上の者　あなたはおそらく、慎重を期するためにそのように見えると言ったのでしょう。というのは、じつは不必要なものは委棄されているのではなく、むしろ不必要なものを必要なものとして重視しない我々の方が委棄されているのだからです。[13]

「我々が不必要なものを委棄しているのではなく、我々が委棄されているのだ」。この逆説的な諦観は、結局のところ、またもや逆転の論理によって、委棄のうちでの救済の約束へと導かれる。「不必要なものが我々を委棄しているということは、我々は、委棄されているというかぎりにおいて必要とされているということだ」。この種の逆転の論理によって約束される救済が、いかなる歴史的ないし神学的なプログラムにもとづいて要請されたものであるかを見極めることが、ラクー＝ラバルトの課題となる。

貧しさの「型」

ハイデガーがヘルダーリンの「箴言」から析出した「転倒」の論理ないしは修辞戦略に対して、ラクー＝ラバルトはどのように対峙しているのだろうか。ラクー＝ラバルトは、この逆転の論理が、自由／必然という形而上学の根本にかかわる対立項を脱構築するための有効な手だてを提供するものであることを理解している。また、「貧しさ」の一年後に刊行された『ヒューマニズム書簡』（一九四六年）では、ハイデガー自身が「転倒」の主題をはっきりとマルクスの名に結びつけつつ、マルクスを「転倒」の歴史的本質を思索した人物として高く評価しており（本書一三二―一三三頁参照）、この点に関してもラクー＝ラバルトはハイデガーの炯眼を認めている。もちろん、マルクスが「転倒」の「歴史的本質」を考え抜いたのは彼がヘーゲル的な「弁証法」との対決を通じて思考したからである。そのようなマルクスと、「弁証法」の手前において思弁的観念論の原場面をヘーゲルと共有するヘルダーリン、この両者における「転倒」の思考を響き合わせるというハイデガーの戦略は、何ら奇を衒ったものではない。

しかし問題は、「転倒」をその歴史的本質において思索するとき、この思索の主体がどこにあるかである。言い換えれば、我々が不必要なものを委棄するのではなく、不必要なものが我々を委棄するとき、「貧しさ」の主体がどこにあるかである。これについては、『ヒューマニズム書簡』は、あいかわらず転倒の修辞法を増殖させながら、「貧しさ」の主体なき主体を「人間以上の人間」としての「牧人」の形象へと収斂させる（本書一三七頁以下）。「人間は存在者の主人ではなく、存在の牧人である」。人間は存在者においては貧しくなるのだが、存在においては豊かになる、と言い換えてもよい。「人間は何ものをも損失せず、むしろ存在の真理のうちへと到達することにおいて、かえって獲得するのである」。「人間は牧人のもつ本質的な貧しさを獲得する」、等々。牧人的・牧師的・田園詩的な外見によって和らげられてはいるが——それは「野の道」といった断章や「家郷の詩人」ヘーベルについての講演でも同様である——、その「反貨殖主義的」な教示の基本線は、「負けるが勝ち」の逆転発想であると、ラクー＝ラバルトは大胆に要約する（本書一四〇頁）。

　ハイデガー的な「清貧」のすすめは、この要約に従うならば、質朴さ、素朴さ、単純さというある種の典型への（ときには主意主義的な）自己拘束を前提としていることになる。ハイデガーは、Not（必要・窮境）を nötigen（無理強いする）という動詞的な意味から思考しているのだが、この nötigen という行為は、拘束し、束縛することである。たとえば『政治という虚構』において、ラクー＝ラバルトは、ハイデガーにおける Not がどれほどまで「原‐ファシズム」と呼びうるもの——そこには戦後の「ソフトなファシズム」も含まれる——に結びついているかを示すために、「我々は質素さをもって美を愛し、脆弱さをもたずに知を愛する（Nous aimons le beau avec frugalité, et le savoir sans mollesse）」というペリクレスの言葉（トゥキュディデス『戦史』）を解釈する。[14] このペリクレスの言葉は、ペロポンネソス戦争におけるアテナイ市民の追悼を目的とした演説のなかの言葉であり、そのなかでペリクレスは、資源不足・人口不足という経済的な逆境に立ち向かうべく、豪奢、華美、浪費をしりぞけ、アテナイ市民の理想とすべき重装歩兵的な美徳、「質素さ」の美徳――それはアテナイというポリスにとって失われた「固有の」美質でもある――を称揚する。このペリクレスの文中の「質素さ（エウテレイア）」という語をラクー＝ラバルトは経済的カテゴリーとみなして frugalité（素食・質素）というフランス語に訳し、そこにハイデガー的な「貧しさ」の典型を投射してみせるのである。

ところで、ラクー＝ラバルトによれば、このハイデガーにおける「貧しさ」の典型は、非常に遠くから俯瞰するとき、ユンガーにおける「労働者」と「兵士」の形象（Gestalt）、そしてあろうことかナチの御用学者ローゼンベルクの「人種類型（Rassengestalt）」と「大差のないもの」とみなされる。そもそも Not（必要・窮境）による nötigen は、すでに述べたように、強制、拘束、束縛であり、場合によってはひとつの「型」にあてはめることである。「貧しさ」において自由と必然のアンチノミーを話題にしている箇所で、ハイデガーがユンガーの『労働者』を引用しているのは興味深い事実である。もちろんハイデガーは、ユンガーを引き合いに出しつつ、真の貧しさとは、このような「強制」

から自由であること、「自由な開かれ（das Freie）」へと身を委ねることでなければならないとする。しかし真の貧しさをみずからに課し、Notをwendenするためには、「不必要なもの」の到来に対する待機が必要である。とすれば、ここではある意味で深化された待機の構え、あるいは「型」が問題になっているのではないだろうか。そもそもドイツ語では、「貧困・悲惨（Elend）」と区別された意味での「貧しさ（Armut）」は、それ自体がある種の「構え」を意味している。ハイデガーがarm（貧しい）という語の語源に依拠していないはずはないのだが、ドイツ語のarmはギリシア語のerēmos（孤独な・寂しい・人気のない）に由来し、またこのギリシア語からは「砂漠（erêmia）」、「隠者（erêmitês）」等の語が派生する。いずれにせよ、これらの語には主体の単独化と孤独化の契機が含まれており[15]、したがって、貧しさ（Armut）は、単なる経済的な貧困や心理的な窮境といった強制された外的現実を意味するのではなく、むしろこの現実からの自発的撤退、あるいはこの現実を自発性へと転じるべく引き受ける単独性、構え、あるいは型こそが「貧しさ」（すなわち貧しさ〔Armut〕の気概〔Mut〕）を意味するのである。

しかしここからさらにもう一歩すすんで、そもそもこのような貧しさの「構え」や「型」を引き受けるということが何を意味するのかを理解しなければならない。「型」というものは、みずから自由に選んだり取り替えたりできるものなのだろうか。じつは、「型」を引き受けている時点で、その主体は自己の固有性を剥奪されているのであって、非常に雑駁に言い換えれば、「型」というものは、みずからを空虚にすることで、あるいは「貧しく」することによってのみ引き受けることのできるものなのではないだろうか。みずからを貧しくすればするほど、つまり脱自己固有化すればするほど、自己固有の「型」を引き受けるということが可能になるのではないだろうか。

　このことは、とりわけ俳優が何かを演じるときに生じる逆説（パラドクス）でもある。この逆説をめぐっては、ラクー＝ラバルトは、一連のミメーシス論を通じてこれまで十分に議論を展開してきた。たとえばそれは、偉大な俳優とは「すべてであり、かつ何ものでもないものである」とディドロが述べていたときに問題になっていた逆説でもある。そもそも「逆説」とは、「相反的ないし人の意表をつく（聞きなれない、良識にさからう）意見」などといったものではなく、そのうちに「極大化」の契機を含むような「誇張法的な＝双曲線状の〔hyperbolique〕運動」であって、この運動によって、「相反するものの等価性――おそらくけっして安定化することはない――がうちたてられる。こうした理由から、逆説の定式はつねに二重の最上級をもちいた定式となる。狂気に駆られていればいるほど、賢明であり、もっとも狂っているものがもっとも賢明なのである。逆説を定義づけるのは、相反する者相互の無限の交替ないし誇張法的＝双曲線的な同一性なのである」[16]。したがって俳優の逆説とは、俳優が「貧しくなればなるほど」（＝みずからを何ものでもないものにすればするほど）「豊かになる」（＝模倣の才能に恵まれる）、ということになる。それは単に相反するものの一致という事態ではなく、「……すればするほど……する」という形式において相反が誇張的に増大するという事態である。とすれば、主体はそもそも「型」ないし「構え」といったものを引き受けたり演じたりする時点で、貧しさと豊かさの逆説的相反に巻き込まれ、その逆説のうえで極限にまで不安定化させられているのであって、貧しさの型（テュポス）といったもののうえに安らうことは原則上不可能なのである。

ケノーシス

ラクー＝ラバルトは、ヘルダーリンの「箴言」における「貧しくなったのは豊かになるためであった」を、「貧しくなればなるほど、ますます豊かになる」と書き換え、そこに誇張法の論理を、つまり「悲劇的逆説」の論理を見いだす。この書き換えによって、貧しさの逆説は、ラクー＝ラバルトが従来より探求してきた演劇論・ミメーシス論の領域へと組み込まれることになる。しかしながら、「……すればするほど……になる」というこの誇張法の論理は、悲劇的逆説の論理であると同時に、「破局」と呼ばれるものへと導く不可逆的進行の論理でもあり、そこにはある種の時間性、さらには歴史性が前提とされていた。そもそも「悲劇的逆説」の論理は、ドイツ観念論においてギリシア悲劇のモデルを探求することで洗練され、弁証法的な「転倒」の論理へと結晶化する――ディドロの「逆説法」がヘーゲルの弁証法にプロトタイプを提供したのは周知のとおりである。そして、ヘーゲルからマルクスへと伝承される過程で、この「転倒」の論理は、歴史哲学的なパースペクティヴを獲得することになる。

このような基本線に即して、ラクー＝ラバルトは、ヘルダーリンとマルクスを（さらにはハイデガーを）「遭遇」させるための歴史的布置をより具体的に再構築する。本書では、マルクスが実際にヘルダーリンを読んでいたことを示す確実な証拠がいくつか提示されている。たとえば晩年のヘルダーリンと面会していたベッティーナ・フォン・アルニムは、『ギュンデローデ』を青年マルクスに贈呈している。また、マルクスがルーゲとともに編集した『独仏年誌』（一八四三年）において、ヘルダーリンの『ヒューペリオン』が引用されており、これを、ヘーゲルの「弁証法」との対決を通じて「宗教批判」を展開していた初期のマルクスが読んでいたのは事実である。そしてまさに、この初期マルクスを、ハイデガーは一貫して参照しているのである（一九三一―三二年のプラトン講義のなかにランツフート編『初期著作集』への言及がある）。

だが、ラクー＝ラバルトによる読解は、以上のような歴史的布置を描き出すだけには止まらない。ラクー＝ラバルトは、「貧しさ」の逆説的論理をめぐる考察を通じて、この論理を背後において支配しているひとつの神学素をあかるみにだす。それは「ケノーシス」と呼ばれる神学素である（これについては本書所収のインタビューにおいて若干の言及がある）。ケノーシスは、ヘルダーリンとマルクスを接合する蝶番の役割を果たす概念であると同時に、おそらくハイデガーが最終的には完全に吸収同化しえなかった――とラクー＝ラバルトは考える――神学素でもある。[17]

そもそもケノーシスとは、キリストの受肉における神性の自己無化と自己放棄の教義を説明するために用いられる語である。そこで言い表された能動的な自己無化は、きわめて逆説的な状況である。なぜならイエスの十字架上の死という究極の「自己無化」には「復活」がつづくわけであるが、しかしながらそれは復活のための無化であってはならないし、自己無化が、自己性そのものを保証するために遂行されてはならないからである。このケノーシスの論理を、ラクー=ラバルトは刊行された著作や論考ではほとんど説明していない。だがこのことは、「ケノーシス」の神学素がラクー=ラバルト哲学を暗黙のうちに貫くひとつの筋であったという解釈を妨げるものでもない。彼の悲劇論やミメーシス論は、すべて独自のケノーシス解釈によって貫かれており、またさらにいえば、詩作の形象化と脱形象化としての「散文化」をめぐる議論も、詩作の自己無化・自己放棄の運動にもとづいてのみ理解することができるのである。

ここでは初期の著作『哲学の主体』(18)から『貧しさ』に到るまでの、ラクー=ラバルトにおけるケノーシスの全思想を追跡することはしないでおく。むしろ、本書においてヘルダーリン、ハイデガー、マルクスによって演じられている場面のエピローグとして、ラクー=ラバルトがストラスブール大学において教鞭をとった最終年度(二〇〇一—〇二年度)の授業からの一節を引用したい。この年度の講義は「マルクスの哲学——改革・批判・革命」との題目のもと、ルター、カント、マルクス、ハイデガーを関連づけ、初期マルクスとハイネ、ブルーノ・バウアーを精読するというものであった。講義の最後の数回は「ヘーゲル法哲学批判序説」を扱っていたが、このテクストの末尾の一文、「ドイツ復活の暁を、ガリアの鶏の鳴き声が告げ知らすであろう」をめぐる解釈は、ラクー＝ラバルトが「貧しさ」の逆説を考察するうえで依拠している神学的・歴史哲学的なプランを端的に示すものであった。

いまだ到来しないこの人間の現実的状況——なぜいまだ到来していないかというと、それが純粋に喪失しているからだ——に対して、マルクスは、プロテスタント神学の全体（そこにはプロテスタント的な終末論の歴史も含まれる）を基礎づけているひとつの神学的カテゴリー、すなわちギリシア語を転記して「ケノーシス」と呼ばれているもののカテゴリーを適用しているように思われる。この語は「空無〔vide〕」を意味するのだが、同時に能動的な意味で理解しなければならない。タンクや水槽を空にするときに vidage〔からっぽにすること〕と言うように……。ルター以来今日に到るまでの改革派の神学は、神へと適用されたこのケノーシスの概念を中心的な神学素としてきた。受肉すべく完全にみずからをからっぽにした神。しかもこの神は、苦しみ、捨て去られ、死にいたるまでの受苦を被り、貶められる。これこそが神秘であり、啓示である。このように改革派の神学において、受肉は神のケノーシスとみなされる。同様に、マルクスにおいて、プロレタリアートは来たるべき人間のケノーシスと見なされる。このテクスト〔「ヘーゲル法哲学批判序説」〕の最後の言葉、「ケノーシス」こそが人類の希望、復活の希望である。すこし先回りしてしまったが、これこそがテクストの最後の一文で言われていることなのだ。「あらゆる内的条件が充たされたとき、ドイツ復活の暁を、ガリアの鶏の鳴き声が告げ知らすであろう」。ガリアの鶏の鳴き声の逸話は、ハイネからルーゲを経由してもたらされたものである。ガリアの鶏の鳴き声とは、フランス革命のことであり、ここではフランス革命が、ペテロがキリストを否認したときに鳴いたという鶏の鳴き声に比せられている。キリストはペテロに、「鶏が二度鳴くまでにお前は私を三度否認するだろう」と告げ、実際ペテロはそうしたという――そしてこのことが〈逆説的に〉キリストの神性を確証しているのである。この出来事は、あらゆる否定性のなかの否定性、絶対的なケノーシスにほかならない。キリストのもっとも忠実な弟子は、師が死にゆこうとしている瞬間に、師を見捨てるのだから……。俗っぽい言い方が許されるならば、完全に「からっぽになって」いるのである。しかしまた、まさにここに復活の証明があるのだ[19]。

ペテロの否認は三度繰り返される。誇張化され、絶対化された貧しさが同時に復活の証明となる。ここで演じられているのは、受難劇と復活劇のなかでももっとも劇的な場面のひとつである。ところがラクー=ラバルトの演出はどこか空虚である。そこに登場するのも、教会を定礎したペテロではなく、キリストの不実な弟子としてのペテロである。「俗っぽい言い方」と断ったうえで、ラクー＝ラバルトは「ケノーシス」という語を「からっぽにすること（vidage）」と翻訳しているが、この翻訳は、厳密には神学的な解釈から導かれたものではなく、むしろそこには、神学素そのものを脱臼させ、無効化させるようなイメージが付与されている。「タンクや水槽を空にするときに vidage と言うように……」。このようなイメージによってケノーシスの聖性は宙吊りにされ、「貧しい」ままにされ、同時に通俗性（ヴュルガリテ）を付与される。あるいは神学的なものを貧しくすることとしての通俗性（ウルガタ）への翻訳。これこそまさに、ラクー＝ラバルト的な歴史プログラムから導出された脱神学化と世俗化の実践なのではないだろうか。そしてまた、これこそが、ラクー＝ラバルト的な散文主義であり、あらゆる精神論に抗する——とはいえそれ自体の精神性は排除されない——「貧しさ」の実践であり、そして同時に、救済への確信だったのである。

註

（1）Thomas Mann, « Kultur und Sozialismus », *Schriften zur Politik*, Frankfurt am Main, Suhrkamp, 1973, p.74.「文化と社会主義」大野俊一訳『トーマス・マン全集』第一一巻、新潮社、一九七二年、四九九頁。

（2）« Neue Hölderlin-Funde », erstmals veröffentlicht von Franz Zinkernagel, *Neue Schweizer Rundschau*, XIX. Jahrgang, Heft 4,1926, p. 333-348.

（3）*Sämtliche Werke*, besorgt durch Norbert von Hellingrath, Friedrich Seebass und Ludwig von Pigenot, dritte, durchgesehene und vermehrte Auflage, 1943, Bd.3, p. 618-621.

（4）*StA* 4-1, p. 306-309.

（5）Jacques D'Hondt, « Le meurtre de l'histoire », *Cahier de l'Herne. Hölderlin*, dir. Jean-François Courtine, Paris, Éditions de l'Herne, 1989, p. 219-238.

（6）ヘルダーリンが晩年のいくつかの詩に署名していた「ブオナローティ」という名がバブーフ主義者のフィリポ・ブオナローティ（一七六一年―一八三七年）から取られたというまことしやかな説もある。

（7）« Neue Hölderlin-Funde », p. 343.

（8）ヘーゲル宛書簡、一七九五年一月二六日。この書簡の内容は、近年のヘルダーリン研究では、むしろ「宗教について」あるいは「哲学書簡の断片」と題された草稿に関連づけられている。「宗教について」の解釈をめぐっては、本書八五頁以下を参照。

（9）« Neue Hölderlin-Funde », p. 344 ; Jacques D'Hondt, « Le meurtre de l'histoire », p. 220.

（10）ドイツ語原文の頁数は明記しないが、原文はズーアカンプ版『ヘーゲル全集』第一巻、二三四―二三六頁に収められている。また日本語訳は、『初期ヘーゲル哲学の軌跡　断片・講義・書評』所収の寄川条路訳、および『ドイツ・ロマン派全集』第九巻『無限への憧憬　ドイツ・ロマン派の思想と芸術』所収の神林恒道訳がある。

（11）ドイツ・ロマン主義およびドイツ観念論における共同体とコミュニケーションの（再）創設の問題に関してはラクー＝ラバルトとナンシーによる共著『文学的絶対』（*L'absolu littéraire. Théorie de la littérature du romantisme allemand*, Paris, Seuil, 1978）およびマンフレート・フランクの『来るべき神』（*Der kommende Gott. Vorlesungen über die neue Mythologie*, Frankfurt am Main, Suhrkamp, 1982）が基本的な入門書となっている。また、「新たな神話」の最新の――ポスト近代的な――利用例としては、ネグリとハートの『帝国』における「体系プログラム」への奇妙な参照が注目にあたいする（『帝国』水嶋一憲ほか訳、以文社、二〇〇三年、四八八頁）。

（12）「ロシアの捕虜収容所で年下の男と年上の男のあいだで行われた夕べの会話」『野の道での会話』（*GA* 77）所収。

（13）*Ibid.*, p. 237.

（14）*Fiction du politique. Heidegger, l'art et la politique*, Paris, Christian Bourgois, 1987, p. 134-142.『政治という虚構』浅利誠・大谷尚文訳、藤原書店、一九九二年、一七〇―一八一頁。フランス語はラクー＝ラバルトによる訳。

（15）ちなみに elend（貧乏な・悲惨な）は語源的には「余所からやってきた」、「土着でない」、「他の土地に属する」を意味し、ラテン語の allius やギリシア語の allos に通じている。

（16）*L'imitation des modernes. Typographies II*, Paris, Galilée, p.20.『近代人の模倣』大西雅一郎訳、みすず書房、二〇〇三年、一八頁。

（17）ケノーシス概念の思想史的な意義をめぐっては、ラクー＝ラバルトは、たとえば僚友のナンシーやジェラール・グラネルとは解釈を異にしている。カントからハイデガーにいたる超越論性の思考をケノーシスの神学素に帰着させるグラネルの解釈と、それに関するナンシーの注釈は以下において読むことができる。Jean-Luc Nancy, « Une foi de rien du tout », *La Déclosion. Déconstruction du christianisme I*, Paris, Galilée, 2005, p. 89-104 ; Gérard Granel, « Loin de la substance : jusqu'où ? Essai sur la kénose ontologique de la pensée depuis Kant », *La Déclosion*, p. 105-116.

（18）*Le Sujet de la philosophie. Typographies I*, Paris, Flammarion, 1979.

（19）二〇〇二年五月一〇日の回。訳者自身による録音とレオニッド・カッラーモフ氏による筆記を参照した。

訳者あとがき

本書は二〇〇四年にストラスブール大学出版局から刊行されたハイデガー『貧しさ』(Martin Heidegger, *La Pauvreté — Die Armut*, trad. Philippe Lacoue-Labarthe et Ana Samardzija) およびラクー=ラバルトによる「『貧しさ』を読む」の日本語訳に、ヘルダーリンの作と伝えられる草案「精神たちのコミュニズム」の翻訳(日本語としては初訳である)、そしてラクー=ラバルトへのインタビュー「ドイツ精神史におけるマルクス——ヘルダーリンとマルクス」を加えたものである。ハイデガーのテクストの翻訳は "Die Armut", *Heidegger Studies*, vol. 10, 1994, p. 5-11を底本とした。

「貧しさ」というこの短いテクストをラクー=ラバルトが翻訳するに到った経緯についてはインタビュー(本書一六八頁)でも触れられているが、ハイデガーと個人的なつながりをもち、ラクー=ラバルトをストラスブール大学に招聘した立役者であるリュシアン・ブラウン(ストラスブール大学哲学科名誉教授)が、ヘルマン・ハイデガー氏から「貧しさ」の原稿を手渡され、機会があれば独仏対訳で出版してほしいとの提案を受けていたという。ラクー=ラバルトは指導学生であったアナ・サマルジャの協力により、二〇〇四年にこのテクストをストラスブール大学出版局から刊行した。一方、訳者はすでに『環』第一五号（藤原書店、二〇〇三年）に「貧しさ」についての論考を発表しており、ラクー゠ラバルトによる対訳版の刊行後に藤原書店からの翻訳企画の提案をうけ、その準備にとりかかっていた。本年一月二七日の深夜から二八日の未明にかけて、ラクー゠ラバルトが逝去したことにより、本書は、文字通り、ラクー゠ラバルトに捧げるべき翻訳となってしまった。ラクー゠ラバルトはギリシア悲劇のテクスト（ソフォクレス、エウリピデス）、ドイツ・ロマン派の詩論、ニーチェ、ベンヤミン、ハイデガー、等々、数多くの翻訳にたずさわっており、また長年にわたってヘルダーリンによるソフォクレス翻訳の意義を考察しつづけてきた人物である。この卓越した翻訳者に捧げるには、本書の出来映えは甚だこころもとないものではあるが、生前のラクー゠ラバルトならば、九〇頁であった原書がほぼ二倍の頁数に膨らんで送り戻されてきたことに驚いてみせながら、本書を温かく受け取ってくれたのではないかと思う。「翻訳」という営為に費やされたその情熱に敬意を表しつつ、あらためて本書を亡き師に捧げたい。

ラクー゠ラバルトの「『貧しさ』を読む」について言えば、拙訳『ハイデガー 詩の政治』（藤原書店、二〇〇三年）の解題でも述べたように、この哲学者の文章はあまりに凝縮されたエクリチュールで書かれており、ときとしてそこに断定的な命題が織り交ぜられるため、彼の文章を読み通すにはある程度の注意と忍耐力が必要かもしれない。いずれにせよ、その構成は見事に計算されており、議論も明快である。訳者としてはそうしたミニマリズムを直球で読者に届けるということが肝要と思われたが、本書では、編集部との相談のうえ、浅利誠氏によるラクー゠ラバルトへのインタビュー（『別冊・環⑤ヨーロッパとは何か』所収、藤原書店、二〇〇二年）を併載することで、一見難解に思われる内容をラクー＝ラバルト自身に解説してもらうことにした。インタビューのなかでは、「貧しさ」の内容とともに、ラクー＝ラバルトがついに刊行することのなかったマルクス論『怒りの日』の構想が語られている。解題の末尾でも触れたように、訳者がストラスブール大学に留学した二〇〇一―〇二年度のラクー＝ラバルトの講義は「マルクスの哲学――改革・批判・革命」をめぐるものであり、この講義についていずれ機会があれば紹介したいと考えていたが、今回は浅利氏によるインタビューの後半部の訳文に最小限の修正を加えたうえで転載させていただくこととした。いずれにせよラクー＝ラバルトと浅利氏との他に代えがたい友愛があったからこそ、ラクー＝ラバルトが講義以外の場では語ったことのない貴重な内容がドキュメントとして遺されることになったのである。「インタビュー」の転載を快諾してくださった浅利氏には記して感謝したい。

　本書の出版にあたっては多くの方々にお世話になった。翻訳権の獲得にあたってストラスブール大学出版局およびドゥンカー・ウント・フンブロート社との交渉に尽力してくださったイザベル・フランドロワさん。それから東京大学大学院の同僚森田團氏は、ハイデガーの訳文のチェック等を手伝ってくださった。両氏にはこの場を借りて深く御礼申し上げたい。最後に、訳者が一月末のラクー＝ラバルトの訃報に接し、追悼の気持ちをどのように表現できるかと思案していた折に、本書の刊行を急ぐべく叱咤激励してくださった藤原書店編集部の西泰志さんには、心より感謝申し上げたい。

二〇〇七年三月

西山達也

著者紹介

Martin Heidegger（マルティン・ハイデガー）

1889年9月26日，ドイツ・メスキルヒ生。1976年5月26日，フライブルクにて逝去。カトリック教会の奨学金を得てフライブルク大学神学部に入学するが，哲学部に転部。1915年，リッカートのもとで教授資格を取得（提出論文「ドゥンス・スコトゥスの範疇論と意義論」）。フッサールに現象学を学び，1927年，主著『存在と時間』を刊行。マールブルク大学，フライブルク大学にて教鞭をとる。1933年，フライブルク大学総長就任。総長就任式で講演「ドイツ大学の自己主張」を行う。翌年，総長職を辞し，以後，ヘルダーリンとニーチェの読解を通じて哲学的思索に専念。1945年，ドイツ降伏後，ナチ政権との関係のため教職活動を禁止される（-1951）。この間も講演，執筆は続けられ，世界の思潮に多大な影響を与える。著書に『杣道』『形而上学入門』『言葉への途上』『思惟とは何の謂いか』『根拠律』『ニーチェ』『道標』等。生前の1975年より全集の刊行を開始，現在も刊行中（全100巻以上，邦訳創文社より刊行中）。

Philippe Lacoue-Labarthe（フィリップ・ラクー＝ラバルト）

1940年9月26日，フランス・トゥール生。2007年1月27日の深夜から28日の未明にかけてパリにて逝去。幼少期よりカルヴァン派の宗教教育を受ける。ボルドー大学にてジェラール・グラネルに師事し，ハイデガーを学ぶとともに，「社会主義か野蛮か」の活動を通じてリオタールらと親交をもつ。1967年よりストラスブール大学にて教鞭をとり（-2002），同僚のナンシーとは生涯の友となる。1983-93年，カリフォルニア大学バークレー校客員教授，1988-89年，国際哲学研究院会長を務める。1995年「フリードリヒ・グンドルフ賞」受賞。邦訳書『政治という虚構――ハイデガー，芸術そして政治』（藤原書店）『虚構の音楽――ワーグナーのフィギュール』（未來社）『経験としての詩――ツェラン・ヘルダーリン・ハイデガー』（未來社）『藝術家の肖像，一般』（朝日出版社）『ナチ神話』（ジャン=リュック・ナンシーとの共著，松籟社）『近代人の模倣』（みすず書房）『メタフラシス』（未來社）『ハイデガー 詩の政治』『歴史の詩学』（いずれも藤原書店）がある。

訳者紹介

西山達也（にしやま・たつや）

1976年生まれ、東京都出身。東京大学大学院総合文化研究科（地域文化研究専攻）博士課程満期修了。日本学術振興会特別研究員（PD）。2001/02年度、フランス政府給費留学生（哲学）としてストラスブール・マルク・ブロック大学に留学、ラクー=ラバルトの指導のもとDEA取得（提出論文: Le problème de la monstration et la pensée heideggerienne de la traduction）。翻訳書に、フィリップ・ラクー=ラバルト『ハイデガー　詩の政治』（藤原書店）、ジャン=リュック・ナンシー『訪問——イメージと記憶をめぐって』（松籟社）、ジャック・デリダ『滞留——付モーリス・ブランショ「私の死の瞬間」』（共訳、未來社）、などがある。

貧（まず）しさ

2007年4月30日　初版第1刷発行©

訳　者　西山達也
発行者　藤原良雄
発行所　株式会社 藤原書店

〒162-0041　東京都新宿区早稲田鶴巻町523
TEL　03（5272）0301
FAX　03（5272）0450
振替　00160-4-17013
info@fujiwara-shoten.co.jp

印刷・製本　図書印刷

落丁本・乱丁本はお取り替えします
定価はカバーに表示してあります

Printed in Japan
ISBN978-4-89434-569-0